MULHERES COM UM CHAMADO

HISTÓRIAS PARA EDIFICAR SUA VIDA

EDITORA
CHAVE MESTRA®

EDITORA
CHAVE MESTRA®

Av. Marcos Penteado de Ulhoa Rodrigues, 1119 – Tamboré, Barueri-SP
Ed. Office Shopping Tamboré – Andar 21 – Sala Chave Mestra
CEP: 06460-040
@editorachavemestra
editora@editorachavemestra.com.br
Acesse: www.editorachavemestra.com.br

Mulheres com um chamado:
histórias para edificar sua vida

Direção editorial: Raquel Medeiros
Coordenação editorial: Bartira Costa Neves
Assistente editorial: Eloiza Andrade e Larissa Robbi Ribeiro
Revisão: Verônica Ribas Cúrcio e Tony R. de M. Rodrigues
Projeto gráfico e diagramação: Daniel Marchesani e Thais Moreno
***Branding* de capa:** Izzo Medeiros

O conteúdo desta obra é de total responsabilidade dos autores e não reflete necessariamente a opinião da editora.

Dados Internacionais de Catalogação na Publicação (CIP)

Vale, Rogério (Organizador)
V149 Mulheres com um chamado: histórias para edificar sua vida / Rogério Vale (org.) – Barueri, SP: Chave Mestra Editora, 2024. 256 p.: 16 x 23 cm

ISBN 978-65-5496-031-1

1. Desenvolvimento pessoal. 2. Espiritualidade. 3. Vida cristã. 4. Prosperidade. 5. Inteligência espiritual. 6. Fé. I. Título.

CDD 158.1

MULHERES COM UM CHAMADO

HISTÓRIAS PARA EDIFICAR SUA VIDA

SUMÁRIO

MULHERES COM UM CHAMADO

APRESENTAÇÃO

O projeto do livro *Mulheres com um chamado* é fruto do inspirador trabalho de escrita de 31 coautoras que ouviram o chamado de Deus. É uma celebração da jornada de mulheres como você, que foram reunidas e chegaram até este momento guiadas por Ele, para conectá-la com o propósito dEle para sua vida.

Estas páginas são um testemunho de adversidades superadas, motivações profundas, conquistas e vitórias da fé. Cada narrativa é uma fonte de inspiração, que pretende fazer a diferença na vida de outras mulheres.

A jornada de transformar um projeto em uma obra certamente inclui desafios para muitas das autoras envolvidas, mas cada obstáculo superado e cada linha escrita aqui, mais do que atos de coragem, foram passos em direção a um legado de confiança no Senhor.

O afeto e a dedicação que cada uma dessas mulheres com sua voz singular, sua vivência e sua perspectiva, entregou transbordam de cada página deste livro e criam um mosaico de inspiração, força e demonstração da escuta do Divino que certamente tocará a alma dos leitores.

Em *Mulheres com um chamado*, você conhecerá histórias de mulheres comuns, que abriram seus ouvidos e seu coração, renunciaram à incredulidade e decidiram escutar o chamado para crer no Deus do impossível.

MULHERES COM UM CHAMADO

Este livro, ao falar sobre feridas, aprendizados e cura, revela como o Pai colocou na alma dessas escritoras — e certamente também fará entrar na sua — a certeza de que fomos chamadas para este tempo.

Cada relato desta leitura traz uma perspectiva única e reflete a resiliência, a sensibilidade e a vontade de superação, mostrando como o reencontro com a própria essência e com a luz que habita em cada uma de nós pode transformar nossa vida e o mundo ao nosso redor.

Este é um convite para que você se permita ouvir e um chamado para que reconheça sua própria força, abrace sua singularidade e encontre o conforto, o encorajamento e a motivação necessários para seguir seu caminho.

Você confia? No momento certo, Deus vai chamá-la.

Está pronta para ouvi-Lo?

Aproveite a leitura!

Editora Chave Mestra

EDITORA CHAVE MESTRA®

Alessandra Rocha Morais

Eu sou Alessandra Rocha Morais, moro com meu esposo Guilherme em Mineiros/GO. Sou cristã, amo minha família e sou apaixonada por aprender e escrever.

Também sou psicóloga clínica e atuo com a abordagem Terapia Cognitivo-Comportamental, atendendo de maneira on-line por diversos lugares do Brasil e fora do país. Além disso, sou escritora e produtora de conteúdo digital.

Minhas vulnerabilidades e humanidade são fundamentais para o exercício cuidadoso e de excelência do meu trabalho. Vejo na Psicologia uma parte grandiosa do meu propósito. Tenho como missão acolher as pessoas em seus processos de sofrimento e ensinar-lhes habilidades para que se libertem das prisões mentais e conquistem uma vida mais leve, plena e feliz.

alessandrarochapsi

+55 (64) 99655-8355

contato.alessandrarochapsicologa.com.br

MULHERES COM UM CHAMADO

SEU CORAÇÃO PERTENCE A JESUS CRISTO

1

Por Alessandra Rocha Morais

Imagine-se como uma menina que se sente continuamente inadequada, incapaz, frágil, insegura e sem valor algum, e que, para conseguir lidar com tudo isso, acaba se refugiando na própria imaginação. Uma mente carregada de medos é também curiosa e criativa, e assim vive duas vidas: a real e a ideal.

Foi assim que desde criança comecei a me aventurar no mundo da fantasia e da escrita.

Continue imaginando: agora você cresceu, entrou na adolescência e fica cada vez mais difícil conciliar vida real e ideal, suas crenças distorcidas sobre a realidade pioram e seus sintomas de ansiedade se intensificam. Viver começou a ser sinônimo de risco constante, em que é preciso evitar tudo que parece perigoso, tentar controlar todas as coisas e fazer de tudo para ser vista, aceita e amada pelas pessoas. A mesma mente com potência para o incrível tornou-se um filme horrível.

O resultado disso tudo é que a vida foi ficando pesada, seus medos cada vez maiores e mais generalizados. Você sequer sabia que tinha um nome para tudo isso, sentindo de maneira silenciosa, tendo constantes ataques de pânico e começando a fazer vários rituais para tentar se aliviar disso. No entanto, você foi se tornando cada vez mais refém da própria mente. Por meio desse sofrimento conheceu Jesus Cristo, e as coisas, então, começam a mudar, a verdadeira e única esperança nasceu.

Aos 15 anos, você idealizou fazer o curso de Psicologia e assim encontraria a fórmula da felicidade, a solução para não sentir mais medo, e poderia ajudar as outras pessoas. Desde então, foi decidido: você será psicóloga, escritora e palestrante motivacional. Assim, embarca nessa aventura, surpreende-se e frustra-se bastante ao descobrir que não existe fórmula para a felicidade, que não tem jeito de não sentir medo e que tem dois nomes para tudo isso que você sente: Transtorno de Ansiedade Generalizada (TAG) e Transtorno Obsessivo Compulsivo (TOC).

Você se identifica com alguma parte desse relato? Saiba que não é por acaso, pois somos mais semelhantes do que imaginamos. O ser humano perfeito não existe. A sua vida não é um erro por conter partes difíceis na sua jornada. Saiba que a história não termina assim e, aqui, há esperança, cuidado e cura para cada dor.

A partir dessa trajetória de (auto)conhecimento, percebi que cada caminhada cristã passa por processos parecidos, em geral são únicos, mas dificilmente as experiências humanas serão totalmente individuais, ocorrendo então os famosos "eventos canônicos". Comigo não seria diferente, os momentos mais desafiantes foram também pontes que me conectaram a Jesus Cristo, consequentemente, ao meu chamado.

Deserto: a ponte que conecta você ao seu chamado

Em 2018 passei em um processo seletivo para vaga de estágio em Psicologia Organizacional e do Trabalho e ali comecei meu deserto. Uma cultura organizacional familiar, bastante autoritária e rígida. Basicamente, meu desafio era construir um setor de Recursos Humanos do zero, sendo estagiária e sem a supervisão de um profissional mais experiente para me auxiliar.

Naquele momento, o medo tomou conta de mim, todas aquelas sensações de incapacidade, inadequação, insegurança e desvalia invadiram a minha mente. Eu era duramente criticada de maneira ríspida na frente dos outros funcionários, o que fazia me sentir constrangida, humilhada e insuficiente.

Paralelamente, foi o período em que aprendi a orar de verdade, sem todos aqueles rituais ou dogmas religiosos. Foi um momento em que abri meu coração para Deus, meu quarto era meu secreto com Deus. A oração é conversa genuína, é o seu coração inteiramente entregue ao Pai. Até então, a Psicologia era um ídolo e, ao entrar no deserto, precisei me descobrir e me despir de tudo aquilo que até então ocupava o lugar de Deus.

Deus a quer por inteira, Jesus Cristo morreu por inteiro em amor à humanidade, nada mais justo que a sua entrega também seja verdadeira e completa. Claro que será imperfeita, mas ainda sim é preciso que seja de maneira íntegra e intencional. O deserto é uma escola solitária e necessária. É um período marcado por lágrimas, perdas, renúncias, frustrações, lutos, dor, tristeza, espera, busca e preparações.

Esse estágio foi o marco de entrada para a vida adulta. Lembra do mundo ideal que eu havia construído? Ele foi destruído, era preciso para o meu amadurecimento, pois amadurecer é desprender-se daquilo que já não cabe mais. Tornar-se mulher é se despedir das fases e versões anteriores para que o presente possa vir à tona. O deserto é a semente que germina amor e intimidade com Deus, forjando o caráter cristão e a verdadeira identidade: filha amada e valorosa.

Deserto passa

Deserto não mata
Deserto cura, restaura e fortalece
Deserto limpa, lapida e enobrece
Deserto não é o ponto final

Deserto é processo em movimento
Deserto é um caminho, é momento

Deserto não é exposição
Deserto é tesouro que cresce em secreto
Deserto é um ouro encoberto, discreto

Deserto não é castigo
Deserto é preparação para aprovação
Deserto termina, com chuva de bençãos

Deserto não é eterno
Deserto tem prazo de validade
Deserto te firma na Verdade da Eternidade!

Intimidade: o Senhor a conhece, e você O conhece?

A intimidade com Deus fortalece o seu amor por Ele, amor é ação. O Senhor conhece sua existência antes mesmo de você existir. Ele formou cada traço, detalhe e característica que há em você. Ele gerou a sua identidade. O Senhor compôs a sua vida, história e propósito. A sua existência não é por acaso, mas sim uma maravilhosa obra de Deus (Salmos 139).

Você é filha dEle. Ele a projetou para fazer parte de um propósito individual com obras coletivas. Ele a chamou, aceitou, cuidou, curou, lavou e refinou para pertencer à família celestial. Ele ama você, confie nessa verdade! O Seu amor é absolutamente tudo o que você precisa. Ele é o seu verdadeiro tesouro. A graça e a presença dEle lhe bastam!

Ele sabe da sua verdadeira estrutura e capacidade. Ele conhece plenamente a sua mente, o seu coração, as suas intenções e as suas ações. Ele a lapida e a fortalece! Ele mostra a você a saída, Ele tem a solução. NEle, você encontra esperança e salvação e vida em abundância (João 10:10). Deus é seu Pai! Ninguém tem o poder de roubar essa verdade de você. O amor de Deus por você transcende suas imperfeições e dores! Ele cuida, protege e provê. Tudo de bom que há em você é herança, presente, dom e bençãos do seu Pai Celestial! Aceite, celebre, louve, glorifique e renda graças a Ele por tudo.

Deus, o maestro das batidas do seu coração. Onde você tem depositado a sua vida?

Seu coração é único, rico e valioso demais perante a face de Deus. Tudo, que você genuinamente é, está contido nEle. Assim como cada momento é único, também é cada batida do seu coração. E para Deus, conta muito a forma como você investe seu tempo diante de cada batida, estão todas contadas por Deus.

Exatamente por ser algo tão precioso, seu coração não deve ser desleixado, negligenciado e desperdiçado. Não deve ser entregue a qualquer ocasião, circunstância, pessoa ou lugar. Seu coração tem dono, você não pode permitir que seja roubado por distrações, idolatrias, pecados e anseios.

Que direção de obediência você tem levado as batidas do seu coração? Como tem demostrado a Deus o seu amor por Ele? Pelo que seu coração tem batido? São perguntas norteadoras para guiá-la nas veredas de Deus. Ele não quer só uma parte do seu coração ou as sobras e migalhas. Deus é um Deus de alianças completas!

Obediência e entrega: confiar em Deus para agir, depender e permanecer

Amar Deus tem como consequência conhecer a Sua Palavra, mandamentos e ensinamentos, a fim de obedecer integralmente a Sua vontade. Obediência requer comprometimento para se relacionar com Ele. Entregue tudo ao Senhor: seu coração, identidade, valor, vida, sonhos, tesouros, relacionamentos, vontades, emoções, pensamentos e seu tempo.

Os planos de Deus são de prosperar, não de causar danos. Planos de amor e de esperança (Jeremias 29:11). Você pode confiar nEle. Você é mais do que vencedora, o Senhor é por ti, quem será contra ti? (Romanos 8:31-39). Depender de Deus requer acreditar e confiar nEle, ou seja, produzir fé, tendo a certeza daquilo que se espera e a prova das coisas que não se vê (Hebreus 11:1). Depender plenamente de Deus é um passo que nenhum ser humano é capaz de conquistar sozinho, a não ser pelo intermédio de Jesus Cristo e a guia do Espírito Santo.

Por isso, persevere no Caminho, Verdade e Vida (João 14:6). Não tem como viver o cristianismo sem Cristo, pois seria a mesma lógica de querer ser um galho vivo desconectado de sua árvore. Para produzir seus frutos, você precisa permanecer na Videira (João 15). Assuma seu chamado, que é único, concentre-se na Palavra de Deus, desprenda-se das mentiras. Só você pode ser você!

Frutos

E se a figueira quisesse ser videira?
E se a videira quisesse ser oliveira?
E se a oliveira quisesse ser figueira?

Como seria o vinho de figo?
Como seria o azeite de uvas?
Como seria o doce de azeitonas?

E se os frutos se comparassem entre si?
E se os frutos começassem a competir entre si?
E se os frutos brigassem entre si?
E se os frutos invejassem uns aos outros?
E se os frutos roubassem uns aos outros?
E se os frutos matassem uns aos outros?

E se a figueira quisesse ser superior às demais?
E se a videira quisesse prejudicar às demais?
E se a oliveira quisesse oprimir às demais?

E se acreditassem que não precisam de raízes?
E se acreditassem que não precisam de podas?
E se acreditassem ser autossuficientes?

O resultado: esterilidade e cegueira
Madeira perdida, rolando a ladeira
Mesmo que avidamente muito queira

Figueira jamais será videira
Videira jamais será oliveira
Oliveira mais será figueira

Cada árvore no seu devido solo
Cada fruto no seu devido lugar
O que é único, ninguém pode igualar

Quem apreciaria a essência de cada árvore?
Quem sentiria o sabor de cada fruto?
Quem se nutriria do âmago de cada único?

Não precisamos ser o centro do mundo
Não devemos reter e acumular tudo
No pomar da vida, somos apenas frutos

Parte, particular
Complemento, incompleto
Comunhão em Cristo a reinar

REFERÊNCIA

BÍBLIA. João Ferreira de Almeida. Ed. revista e corrigida. São Paulo: Sociedade Bíblica do Brasil, 2014.

"Deus a quer por inteiro, Jesus Cristo morreu por inteiro, nada mais justo que a sua entrega também seja verdadeira e completa."

Alessandra Rocha Morais

Andrea Costa Martelotta

Eu me chamo Andrea Costa Martelotta, sou natural do Rio de Janeiro/RJ e resido no mesmo local com meu amado filho, Thiago Martelotta Galiano.

Sou mulher, mãe, professora universitária, mestre em Direito, advogada, psicóloga clínica, *coach* integral sistêmico e filha amada do Deus Altíssimo, a serviço do Reino dEle.

Tenho um chamado para ajudar pessoas e, para tanto, hoje atuo nas áreas acadêmica e clínica, nas quais desenvolvo meu projeto profissional nos campos da Educação, do autoconhecimento e de mudança de *mindset*. Amo estar perto da natureza, caminhar, meditar, contemplar e banhar-me nas águas salgadas dos mares e doces dos rios.

andrea_martelotta

+55 (21) 99513-9749

andreamartelotta@hotmail.com

Andrea Martelotta

MULHERES COM UM CHAMADO

POSICIONAMENTO: MORNA NUNCA MAIS!

2

Por Andrea Costa Martelotta

Nascida em um lar dividido, com mãe cristã e pai ateu convicto, aqui estou para testificar sobre "batalha espiritual". Desde a mais tenra infância, fui levada à igreja, pela minha mãe, onde aprendi sobre as Escrituras Sagradas, frequentei classes de escola dominical, estive presente nos cultos e participei das festas do calendário cristão, sempre com muita alegria e contentamento.

Mas tudo o que vivenciei, quando criança, só começou mesmo a fazer sentido, na minha adolescência, quando tomei a decisão de andar nas pegadas de Jesus e a dar continuidade ao trabalho de implantação do Seu Reino, ocasião em que me batizei e fiz minha pública profissão de fé. Tinha cerca de 15 anos nessa época e o amor pelas coisas de Deus havia me tomado por inteira.

Desde então, comecei a me envolver com alguns trabalhos no ambiente eclesiástico. Primeiramente, assumi a liderança do grupo de jovens de minha comunidade local e, depois, o cargo de presidência da Federação de Jovens do Presbitério do Rio de Janeiro, que abrangia, na época, as igrejas de Botafogo, Copacabana, Tijuca, Rio de Janeiro, Catumbi e Rio Comprido. Paralelo a tudo isso, eu participava da banda da igreja local, que marcava presença nas liturgias e em eventos de outras igrejas. Eu amava muito esse ministério. Louvar ao Senhor elevava a minha alma e me levava a lugares de muita intimidade com o Mestre.

Promovi obras sociais, como campanhas de doação de mantimentos, bem como de sangue, para a casa do hemofílico, além de encontros, congressos e atividades diversas com a juventude das igrejas integrantes da referida Federação.

Mas, de repente, não mais que de repente, como minha falecida mãe Leonete dizia, que a vida tem muitos "de repentes", foi que a minha igreja local sofreu uma mudança drástica de líder religioso, saindo um pastor com o qual nos identificávamos muito, amoroso, sábio e muito habilidoso, ingressando um líder, extremamente inábil e nada sábio, responsável pelo desligamento de quase todos os jovens da igreja, inclusive o meu. Foi um golpe e tanto do inimigo de nossas almas, que me fez refratária e me deixou por um longo tempo "desigrejada".

Após ter me desligado, oficialmente, da igreja da minha infância, ainda servi ao Senhor, assumindo a coordenação do Departamento Infantil, a convite do pastor que fora afastado da minha igreja, na comunidade para a qual ele fora designado. Mas logo acabei deixando todos os ministérios de que participava e, tempos depois, fiquei sendo apenas aquele tipo de cristã, que frequenta a igreja, mas que não se envolve com ela, e fui esfriando, sem dar conta desse processo silencioso, sutil e pernicioso.

Tempos depois percebi que outras coisas começaram a acenar para mim e a me distanciar ainda mais da igreja, acabei me tornando, literalmente, aquele crente "morno" que a Bíblia diz em Apocalipse (3:15-16): "Conheço as tuas obras, que nem és frio, nem quente. Quem dera fosses frio ou quente! Assim, porque és morno e nem és quente nem frio, estou a ponto de vomitar-te da minha boca".

Agradeço de todo meu coração, alma e entendimento, por Deus não me ter vomitado, apesar de morna permanecer por longo tempo.

Tal processo foi lento e gradual, pois minhas atitudes demonstravam que eu não tinha mais o mesmo prazer pelas coisas do Senhor, e que minha alegria começara a ser trazida por situações e pessoas que não chancelavam o que eu havia aprendido na Palavra. Olhando para trás, percebo que ao me distanciar da obra dEle, acabei por desenvolver um estilo de vida que, com toda a certeza, não agradava ao Criador.

Hoje eu tenho consciência disso, mas na época não tinha, porque, de fato, não fazia nada de errado aos olhos das pessoas que me cercavam, naquele momento. Tudo o que fazia era extremamente normal, fazia tudo que minhas "amigas" faziam, aliás tudo que a maioria dos jovens da minha época fazia.

Então eu fui me tornando uma pessoa que não mais refletia os valores do Reino que havia professado um dia. Eu continuava crendo em Deus, indo à igreja e até lendo a Bíblia, mas "esfriando" a cada dia, e nem percebia.

Imagine que eu nem morna estava mais, já estava fria!

Na verdade, só comecei a perceber esse "esfriamento" quando as consequências de alguns de meus atos começaram a chegar e a me fazer lembrar das palavras de Gálatas (6:7): "Não se deixem enganar: de Deus não se zomba; pois aquilo que o homem semear, isso também ceifará".

Um belo dia, olhei para mim e questionei: que pessoa é essa a qual me tornei?

Profissionalmente, estava galgando espaços e adquirindo novas *expertises*. Havia feito duas graduações, uma em Direito e outra em Psicologia, concluído um mestrado e uma formação em Coach Integral Sistêmico e, com tudo isso, havia me tornado independente financeiramente. Mas, o que não dei conta foi que eu também estava me tornando independente de Deus. Fazia minhas próprias escolhas, sem consultar o mundo espiritual, seguindo meus desejos, muitas vezes adoecidos, e não me preocupava muito com o que as pessoas estavam pensando e falando de mim, principalmente aquelas da igreja. Afinal, ninguém pagava as minhas contas, e essa era a minha frase preferida, quando algumas críticas chegavam até mim.

Na área sentimental, vivi uma conturbada relação entre querer me relacionar com alguém para me casar ou apenas me relacionar, não necessariamente para me casar, porque esse tema era pauta de muito sofrimento, haja vista o de meus pais ter sido de muita briga, desrespeito, traições e infidelidade, por parte do meu pai. Então, como meu inconsciente estava povoado de narrativas contrárias a esse tema, eu sempre procurava, no automático da minha mente, sem perceber, é claro, homens que não me levariam ao altar, que no fundo eu sequer admirava, mas que me traziam prazer imediato e, assim, fui prosseguindo e fazendo escolhas bem insensatas nessa área. Reconheço.

Era livre e assentava-me tanto nos bancos das igrejas quanto nas mesas dos bares. Cantava louvores e músicas não muito edificantes, sem muito filtro. Falava de Deus e, às vezes, falava palavras nada polidas.

Até que comecei a adoecer, espiritualmente, e a ver aqueles ao meu lado adoecendo também, percebi que meu esfriamento estava trazendo reflexos muito nocivos para a minha vida e para a minha casa.

No meio de tudo isso, fui presenteada por Deus com a maternidade, com a qual cresci, amadureci e assumi todas as responsabilidades daí advindas. Thiago foi, e é, o meu maior presente. Com ele eu vivi e vivo a essência do amor: puro, genuíno, intenso e verdadeiro. Posso afirmar que ele me resgatou e impulsiona-me a ser uma pessoa melhor a cada dia. Agradeço a Deus e ao Thiago por existirem! Sem eles, minha vida não teria o menor sentido.

Há pouco tempo, e diante de muitas dores e descaminhos, fui retornando ao serviço do Mestre, ocasião em que várias vozes proféticas me convidaram a me posicionar, e: posicionei-me! Decidi mudar radicalmente a minha vida, a dizer alguns nãos para pessoas e lugares, e foi aí que muitas "amigas" começaram a se afastar de mim, e eu também a me distanciar de algumas. Parei de me assentar em algumas mesas, comecei a fazer escolhas mais sensatas, sábias, mais próximas dos valores do Reino, daquele Reino que um dia eu havia decidido ajudar na implantação.

Posso afirmar, sem a menor dúvida, que a partir do meu posicionamento as promessas começaram a se cumprir na minha vida. Os ministérios voltaram a ser confiados para mim, minha casa encontrou a paz, apesar das circunstâncias, e comecei a sentir uma alegria que não vinha de fora, mas de dentro, da minha alma.

Refletir sobre tudo isso me leva a relatar que após o meu posicionamento foi preciso me arrepender, pedir perdão para Deus e para algumas pessoas próximas, além de me perdoar também. Não tenho culpa alguma hoje, pois sei que Jesus já levou sobre si as minhas transgressões, como está escrito no livro de Isaías (53:4-5): "Certamente, ele tomou sobre si as nossas enfermidades e as nossas dores levou sobre si".

Eu creio que sempre tive a salvação, e que apesar de ter me afastado dEle, nunca me foi tirada essa benção, porém, vivia sem refletir o Deus da benção e, por conta disso, retardei as promessas que hoje começam a chegar para mim, após ter me posicionado, ter passado pelo processo de arrependimento e perdão, e estar pronta para que novas, melhores e grandes coisas cheguem até mim.

Hoje "prossigo para o alvo, para o prêmio da soberana vocação de Deus em Cristo Jesus", como está consignado em Filipenses (3:14-15).

Reconheço que passei e continuo passando pelo processo de metanoia, de transformação da minha mente, de santificação do meu espírito, vivendo guiada pelo texto de Romanos (12:2): "Não se amoldem ao padrão deste mundo, mas transformem-se pela renovação da sua mente, para que sejam capazes de experimentar, e comprovar a boa, agradável e perfeita vontade de Deus".

Dessa forma, hoje me sinto resgatada, de volta para casa, como o filho pródigo, retomando meu projeto original de ser uma serva, ajudadora, na implantação do Reino de Deus nesta terra, bem posicionada, fazendo escolhas sábias, direcionada pelo Espírito Santo, vivendo o melhor de Deus na minha vida e podendo testificar que sem Ele a alegria é fugaz e passageira; crendo que terei vida abundante em todas as áreas da minha vida, conforme prometido no livro de João (10:10): "O ladrão vem para roubar, matar e destruir; eu vim para que tenham vida e a tenham em abundância".

Sigo no propósito de caminhar nas pisaduras de Jesus, de estar a serviço dEle e, de cumprir o "indo", fazer discípulos, que entendo ser minha primordial função como discípula do Mestre, assumindo a missão que Ele mesmo determinou e que está registrada no livro de Mateus (28:19-20):

> Portanto ide, fazei discípulos de todas as nações, batizando-os em nome do Pai, e do Filho, e do Espírito Santo; ensinando-os a guardar todas as coisas que eu vos tenho mandado; e eis que eu estou convosco todos os dias, até a consumação dos séculos.

Eis-me aqui, envia-me a mim!

REFERÊNCIA

BÍBLIA Sagrada. João Ferreira de Almeida. Revista e atualizada no Brasil. 2. ed. São Paulo: Sociedade Bíblica do Brasil, 1993.

"Ele podia ter me vomitado, mas não o fez. Gratidão, Deus! Eis-me aqui! Usa-me!"

Andrea Costa Martelotta

Ângela Aló

Eu sou Ângela Aló, filha de Helena Costa e Antônio Aló (*in memoriam*). Eu sou natural de Nova Iguaçu RJ, onde moro atualmente com minha família: meu amado esposo Luiz Arcanjo, com quem sou casada há 25 anos, e com meus dois filhos, Ariel e Samuel.

Também sou pastora e conselheira há sete anos, psicóloga clínica e de grupos, palestrante, escritora e especialista na abordagem de Terapia Sistêmica de família e casal.

Minhas duas profissões me apaixonam, sempre busco me desenvolver e evoluir. Atualmente, estou cursando minha segunda pós-graduação pela PUCRS.

O que me move é a paixão pelo chamado de Deus para mim e pelo amor às pessoas e suas histórias de vida. Tenho me preparado e trabalhado com afinco para deixar um legado para as próximas gerações.

angelaalo

+55 (21) 98176-9935

angelaalo39@gmail.com

Angela Aló

MULHERES COM UM CHAMADO

PERDOAR É SE LIBERTAR

3

Por Ângela Aló

Falar sobre meu chamado é falar sobre a minha própria história de vida. Lembro-me de como Deus me encontrou! Foi no pior momento que até então eu estava vivendo, embora eu ainda fosse uma menina. Meus pais tinham se divorciado e eu estava com 11 anos, entrando ainda na pré-adolescência e passando por muitas transformações e temores. Por causa da separação dos meus pais, tive que sair da minha casa e morar na casa de uma tia, irmã da minha mãe. Não foi nada fácil me adaptar neste novo cenário. Sem minhas coisas, sem minha casa, sem minha escola, sem meus amigos, eu estava distante de tudo o que me era familiar!

Eu me sentia como uma estranha nessa nova estrutura familiar na qual fui inserida. Foi um período em que eu me sentia inadequada o tempo inteiro e algumas vezes até rejeitada por algumas de minhas primas. Hoje eu entendo que para elas também foi difícil, ter mais uma pessoa morando ali, dividindo o espaço e os alimentos que já eram bem escassos na época.

Mas, foi exatamente nesse contexto que Deus me encontrou! Lembro-me do exato momento em que eu descobri que existia alguém a quem eu poderia falar e ser ouvida. Eu nunca mais estaria sozinha! Se você já teve a sensação de estar sozinha, mesmo cercada de outras pessoas, sabe do que eu estou falando!

E como se deu esse encontro? Eu achei uma caixinha de promessas em uma gaveta na casa da minha tia, pois a família toda era cristã. Por curiosidade, peguei uma tirinha de um versículo que até hoje faz parte da minha história de encontro com a paternidade de Deus. Essa passagem encontra-se em Salmos (27:10), que diz assim: "Porque, se meu pai e minha mãe me desampararem, o Senhor me acolherá".

Esse pequeno versículo trouxe-me uma esperança de futuro e uma certeza de que eu não estava sozinha neste mundo. Eu senti como se Deus estivesse ali comigo naquele momento, enquanto eu segurava e lia aquele pequeno pedaço de papel. Houve um registro na minha memória desse momento, porque todas as vezes em que eu precisava dessa lembrança, ela era ativada.

Eu sempre me senti muito sozinha, mesmo quando meus pais eram casados. Houve traições, brigas e distanciamento dos meus pais, entre eles e comigo. Meu sentimento era sempre de solidão, pois não tinha a presença de outros familiares, o que me fazia me sentir muito sozinha enquanto criança. Ter uma promessa de alguém comigo foi o que me dava forças e renovava a minha esperança de futuro. Deus sabia do que eu precisava! Ele sempre sabe do que precisamos!

O que já estava sendo muito difícil para mim ficou pior, quando aos 12 anos, durante uma audiência para a pensão alimentícia, descobri diante do juiz de vara de família que meu pai não havia me registrado como filha, mas apenas me dado o seu sobrenome, fato esse que me gerou muita raiva dele, ao ponto de eu não querer nem mais usar meu sobrenome. O sentimento de não pertencimento e rejeição se tornou ainda mais forte quando descobri que ele não acreditava que eu era sua filha e por isso não me registrou. Eu ainda era muito criança para entender todo aquele emaranhado que era o relacionamento dos meus pais.

Eu comecei a frequentar a igreja aos 12 anos, batizei-me aos 16 anos, mas aos 17 anos eu me afastei da comunhão com a igreja. Para mim, era muito difícil ser parte de algum lugar e confiar em qualquer pessoa. Vivi quatro anos longe do corpo de Cristo, foi um período muito conturbado em minha vida. Eu busquei, em muitas coisas e pessoas, preencher os vazios dentro de mim causados pela falta de vínculos, valor, segurança e amparo que deixaram marcas profundas em mim na minha infância.

Nada, ninguém conseguia preencher esse vazio! Mas, sempre nos meus momentos mais sombrios e de solidão eu ouvia a voz de Deus, quase como um sussurrar em meus ouvidos, lembrando-me daquela promessa de acolhimento. Aquele versículo nunca mais saiu da minha mente! E, por mais que o sentimento de solidão, de rejeição, de tristeza e de vazio viessem dentro de mim, Deus sempre se fazia presente de alguma forma e me trazia à memória Sua promessa de paternidade! E de uma maneira sobrenatural, isso me dava forças e esperança para sonhar, planejar e buscar ter a família que eu sempre idealizei e que eu não consegui ter na infância. Deus era como um raio de sol, que sempre brilhava em meio às minhas tempestades, e por mais que, às vezes, parecesse não haver mais esperança, Ele aparecia e me fazia voltar a sonhar.

Aos 22 anos, eu me casei com a firme convicção de construir uma família. Confesso que nunca imaginei que seria tão difícil juntar histórias, marcas, traumas e culturas diferentes! Principalmente sem ter tido na infância uma base sólida. Eu não aprendi e nem tive um modelo dentro da minha casa sobre o que é um casamento saudável. Por muitos anos, eu quis desistir do casamento, do plano de construir uma família, pois tudo era muito difícil e doloroso para mim. Lidar com meu sentimento de rejeição e de não me encaixar ou ser parte de algum lugar sempre foi muito desafiador.

Com 20 anos, eu havia voltado para a igreja, mas digo para todos que só aos 37 anos eu me converti de fato, quando finalmente decidi conhecer e obedecer ao Deus da Palavra, decidi mergulhar nas Escrituras e vi minha vida ser transformada dia a dia. Deus Se revela aos que O buscam! Pode fazer prova disso, você não vai se arrepender!

Lembro-me de muitas tentativas buscando ajuda pastoral, ajuda de amigos e até em terapia, porém todas sem muito sucesso! Porque na verdade, o que eu queria era achar culpados para que eu continuasse a me vitimizar.

Eu decidi, então, fazer algo diferente, algo que eu nunca tinha tentado até então, decidi buscar as repostas que eu tanto buscava, nEle. E foi em uma oração dentro do meu quarto, num momento de grande angústia e vontade de desistir de tudo, que eu pude ouvir "audivelmente" a voz de Deus, que me disse: "Por que você está procurando em pessoas aquilo que só Eu posso lhe dar?" Foi como acordar de um sono profundo, chamar para mim uma responsabilidade que até então eu não tinha me dado conta que era somente minha.

Eu tinha tantas promessas, tantos sonhos, tantos desejos, mas não conseguia colocar nada em prática, porque estava sempre me autossabotando, mergulhada na minha dor do passado, no vitimismo e na falta de perdão, não conseguia olhar para nada e ninguém que não fosse eu mesma. Mas, quando eu ouvi a voz de Deus naquele momento, eu decidi fazer um mergulho dentro de mim. Decidi buscar quais eram as raízes que estavam me alimentando e me mantendo presa nesse estado de rejeição e senso de não pertencimento. Comecei, então, um processo de autoconhecimento por meio da palavra de Deus e de uma busca contínua nos meus encontros com Ele dentro do meu quarto. Comecei a perceber que as respostas que eu precisava estavam todas dentro de mim, e a cura estava nEle.

Deus foi me trazendo à memória quantas pessoas eu estava carregando pelo ressentimento e pela falta de perdão. Certo dia, em um dos meus encontros com Ele, de maneira disruptiva, Ele me fez quebrar uma grande estrutura de orgulho, disfarçada de razão, que existia em mim. Mais uma vez, a voz audível dEle se fez ecoar em meus ouvidos quando Ele me disse que eu precisava perdoar e pedir perdão para uma pessoa que cometeu algumas injustiças e que prejudicou a mim e à minha família. Então eu estava ali, diante dEle, quebrada, rendida e totalmente vulnerável, mas confesso que, quando ouvi a voz dEle me conduzindo a isso, eu questionei! Porque achava que essa pessoa é quem precisava pedir perdão! Mas, Ele me deu uma resposta que nunca mais esqueci, que carrego para minha vida e testemunho todas as vezes que falo sobre perdão.

Ele me disse: "Você pode até ter razão em suas justificativas, mas você não tem o direito de não perdoar". Foi aí que eu olhei para a cruz e entendi o que Deus estava me dizendo. Eu não tenho direito de não perdoar, quando eu mesma recebi perdão mesmo sem merecer.

Não foi fácil lá atrás, e nem é fácil hoje também. Mas eu decidi obedecer e ser adotada por Deus. Foi somente depois de aceitar e me submeter à paternidade de Deus que eu realmente pude perdoar os meus pais biológicos, pude me conectar com a história de vida deles e olhar com compaixão. Pude aceitar e ser grata por eles terem me dado a vida, e hoje eu reconheço que eles me deram muito mais do que receberam, e eu os amo e honro a memória deles. Hoje eu tenho orgulho do meu sobrenome, da minha história, da minha origem, da força dos meus pais e dos meus antepassados.

Ao longo desses anos, descobri que, além de uma identidade de filha de Deus, eu também tenho uma identidade espiritual, que envolve o meu chamado, minha missão e um legado, levando a minha história de vida e os meus processos no caminho, como uma inspiração, provando que por meio de Jesus é possível, sim, superar e reescrever uma nova história.

O meu chamado é para libertar pessoas, seja como mulher, como mãe, como pastora, como escritora ou como psicóloga. Esse é o legado que eu desejo deixar para as próximas gerações, assim como diz em Gálatas (5:1): "Foi para a liberdade que Cristo nos libertou. Portanto, permaneçam firmes e não se deixem submeter novamente a um jugo de escravidão".

Uma coisa eu aprendi ao longo do meu processo de cura, restauração e lapidação: não basta apenas ter um chamado, é preciso ter coragem para se submeter aos processos; é preciso ter o caráter transformado para não se perder no caminho; é preciso ter fé para não desanimar com as dificuldades. Mas, acima de tudo: é preciso ter amor a Jesus para viver por uma causa que é muito maior que a sua.

Eu sei que cada ser humano é único, tem a sua história, suas marcas, suas dores, dúvidas e temores. Mas, também sei que se você permitir que Deus lhe encontre, assim como um dia Ele me encontrou, você descobrirá que Ele não só poderá curar o seu corpo, sua alma e seu espírito, mas também lhe dar um destino e uma missão. Existe um chamado de Deus para você agora! Apenas ouça e se submeta ao processo!

REFERÊNCIA

LIFE Church. *Your Version Bible*. Disponível em: https://www.bible.com/pt. Acesso em: 11 jun. 2024.

"O perdão é libertador, pois cura o passado, transforma o presente e nos lança para o futuro."

Ângela Aló

Camila Guedes

Olá, mulheres com um chamado! Quero me apresentar a vocês! Sou Camila Guedes, natural de Ribeirão Preto/SP e resido em Cuiabá/MT com minha família: meu esposo Vitor Hugo, com quem sou casada há três anos, e meus filhos Manuella Guedes, de oito anos, e Samuel Lucas, de um ano e um mês.

Sou psicóloga há onze anos, escritora, mentora e missionária. Durante a minha caminhada, precisei viver verdadeiras transformações de dentro para fora, precisei passar por processos de cura dolorosos na minha alma e, desde então, tenho sido levantada para erguer outras mulheres. Mulheres com um chamado vivem milagres, mas também vivem dores.

cami_rguedes

+55 (65) 99323-5959

cafragiolli30@outlook.com

MULHERES COM UM CHAMADO

UMA IMPROVÁVEL A CAMINHO DO PROPÓSITO

4

Por Camila Guedes

Eu quero começar compartilhando com vocês a minha história: filha única de pais divorciados, uma família disfuncional. Ainda na infância, lembro dos problemas que minha mãe começou a ter com alcoolismo, nunca fui uma criança rodeada de carinho e a minha maior carência na infância foi na área emocional. Passei por feridas emocionais enormes, que deixaram marcas.

Havia uma necessidade de ser vista, ser amada, uma busca por aceitação das pessoas. Minha mãe nunca foi carinhosa, não lembro de ser abraçada por ela, não lembro de ouvir "eu te amo", não tive momentos entre mãe e filha, havia uma distância entre nós. Tudo o que vivenciamos em nossa infância, levamos para nossa adolescência e chega então à nossa vida adulta. Cresci uma mulher insegura, com identidade distorcida e vazios emocionais, pois enxergamos a vida de acordo com as experiências que vivenciamos durante a nossa infância.

A minha origem não podia anular meu propósito, havia um propósito estabelecido, mas satanás tentou fazer acreditar que minha origem determinaria meu futuro. Por anos pensei que teria uma família disfuncional. Passei por traições, perdas, humilhações, rejeições, vergonha. Tudo isso apenas externalizou aquilo que já havia dentro de mim. Sabe aquela frase "Todo excesso esconde uma falta"? Então, os excessos denunciavam as feridas que eu carregava.

Em um dos meus relacionamentos, engravidei da minha filha Manuella. Grávida e mãe solteira, como foi difícil para mim! Não por estar gestando, mas por estar naquela situação sozinha, sempre sonhei em ter família, me casar, e só então engravidar, esse era o ciclo certo para mim. Foi uma gravidez difícil emocionalmente, mas foi nessa gestação que minhas raízes foram expostas para cura. Na época, eu não entendia nada, chorei, por vezes pensei em abortar, porque na minha cabeça aquela gravidez não fazia parte dos meus planos, hoje eu tenho a certeza absoluta de que a minha doce Manuella já estava nos planos de Deus. Antes de eu a gerar no físico, Manuella já havia sido gerada no coração de Deus.

A gravidez foi o momento que estava gerando meu testemunho, foi o lugar em que o Senhor estava me chamando para recalcular a rota e reposicionar no propósito. Se você me perguntasse, na época, se minha filha havia sido planejada, eu lhe responderia que não, mas hoje vejo nitidamente o quanto ela foi planejada, sonhada, desenhada e desejada. A Bíblia diz, em João (1:13): "Os quais não nasceram do sangue, nem da vontade da carne, nem da vontade do varão, mas de Deus". Quando entendemos isso, confiamos que não há acidente no percurso de Deus. A Manu veio como cura para minha vida, antes de ser sonhada por mim, foi sonhada por Ele, não foi do sangue, não foi da vontade da carne, nem da vontade do varão, mas de Deus.

Em tudo há um propósito; ainda que não entendamos, existe um propósito estabelecido até no seu momento de dor intensa, no momento em que você diz "não vou suportar" existe um propósito e, se permitir, nascerá um lindo testemunho que trará cura para outras pessoas. Manuella nasceu e eu nasci com ela, enfrentando desafios, medo, solidão, agora não mais sozinha, mas com ela junto a mim. Eu não podia desistir, às vezes me pego pensando exatamente nisso, o Senhor deu-me a Manu, para que não desistisse dos sonhos e propósitos que havia sobre mim, por ela eu prossegui, enfrentei a minha multidão, muitas vezes sangrando, sem forças, com vergonha, mas enfrentei. Existem dores que você pensa que será para morte, mas serão dores para que o nome do Senhor seja glorificado.

Durante a minha gestação tentaram matar os propósitos que estavam sendo gerados naquele cenário de dor, tentaram matar a minha identidade de filha e durante um tempo conseguiram. As dores de carregar um propósito realmente são doloridas, doem no físico, doem no emocional e ecoam no espiritual, eu senti as dores, dores emocionais, lembro de dizerem: "Já sabia que isso iria acontecer!", ou ainda "Essa daí não tem jeito! Imagina, aparecer grávida!" Eu não era casada, mãe solteira, estava envergonhando o nome de Deus, eram frases assim que eu ouvia. Mas eu precisava enfrentar a minha multidão. Todas nós precisamos enfrentar, não há cura se não há enfrentamento, eu precisava enfrentar, como eu faria isso não sei, mas precisava enfrentar. Certa vez, o Senhor disse-me: "Marcha, Débora, somente marcha!", em um cenário de dor, eu dizia em lágrimas: "Deus, para onde?", e Ele: "Se creres, verás a glória de Deus". E, assim, eu fiz. Fui marchando na direção que me foi dada, precisava marchar para sair dos lugares onde eu estava presa.

Lembro-me de um culto em que dançaram uma música chamada "Borboleta de Deus", nesse momento uma chave virou na minha vida, essa canção me fez entender que eu vivia em um casulo, a sofrer. Então, compreendi que minha origem não podia me impedir de viver os propósitos de Deus, foi ali, então, que vi o sentido da borboleta. Quem me conhece sabe o quanto eu amo borboletas, foi nesse momento profético que o Senhor me reposicionou no propósito. Pense comigo: se você olhasse para a lagarta sem conhecer a história dela, você acreditaria que ela poderia se tornar uma linda borboleta, com aquelas belas asas coloridas? Assim como eu, acho que você não acreditaria. A borboleta não precisa de milagre, mas de uma transformação! Foi então que falei: "Deus, eu preciso dessa transformação! Preciso me submeter aos processos, preciso entrar no casulo e viver a transformação para alcançar os longos voos que o Senhor tem". Ele havia me revelado a chave que transformaria toda minha vida.

A origem da borboleta era ser lagarta, rastejando pelo chão, sem perspectiva de vida, sem imaginar que um dia ela estaria voando aos céus, mas ela só viveria isso, se passasse pela transformação necessária. Nesse sentido, precisamos visitar nossas raízes e transformá-las, assim estaremos prontas para viver o sobrenatural de Deus. Talvez hoje você esteja vivendo em lugares de dores porque não entende que sua transformação precisa acontecer de dentro para fora, tudo acontece dentro do casulo, ao entrar no casulo percebi que estava em lugares como ofensas, rejeições, identidade distorcida, traumas e vitimismo.

Tornar-se uma mulher com um chamado é dolorido, é preciso vencer nossas batalhas internas, vencer as dores e as rejeições, e como isso dói, ter que se curar de coisas que você não queria ter vivido, mas, para viver essa transformação, isso é necessário. Todas nós temos um chamado e geramos um propósito, a diferença é como você vai levar essa gestação que é recheada de dores.

Durante o processo do casulo, o Senhor trouxe cura, despindo-me de mim mesma para que eu pudesse olhar, verdadeiramente, quem eu era diante dos olhos dEle. Certa vez, o Senhor falou comigo, levando-me para a frente de um espelho, dizendo-me: "Olhe para o espelho!" Mas eu não conseguia, sabe por que? Porque eu não gostava do que via, ali eu via a verdadeira Camila, quebrada, cheia de rachaduras, de feridas, chorando. Dessa forma, Jesus ministrou: "Saia para fora". Assim como fez com Lázaro, que já estava morto há quatro dias, eu estava morta há anos! Ele continuava dizendo: "Saia para fora! Hoje estou tirando todas as suas ataduras". Elas tampavam as minhas feridas, impedindo a cicatrização. Lembra quando eu disse que borboletas não precisam de milagres, e sim de processos? É sobre isso, os processos trazem cura, propósito e transformação.

Enfrentar os processos não é fácil, entrar dentro do casulo revela o pior de nós, por isso muitas mulheres continuam como lagartas, pois é mais fácil viver como vítima. Eu vivi durante anos no vitimismo, é mais fácil arrumar desculpas para as nossas feridas, para as nossas dores, do que se autorresponsabilizar por elas.

Em outro momento, o Senhor ministrou ao meu coração sobre a passagem que está em Gênesis, na qual Ele manda Abraão sair de sua tenda para que ele pudesse contemplar tudo aquilo que Jesus tinha para ele. Ali, o Senhor queria um posicionamento, pois não adiantava ficar pedindo e continuar no mesmo lugar, era necessário me levantar e sair.

Quando estamos em um lugar fechado, não conseguimos visualizar o lado de fora, porque estamos trancados onde nossa visão é limitada. Assim eu vivia, limitada nas minhas dores e frustrações. A ordem de Deus era a de que eu saísse para contemplar as promessas, foi isso que Ele disse para Abrão (Gênesis 12:1): "Ora, disse o Senhor a Abrão: Saia da tua tenda, da tua terra e vá para a terra que te mostrarei e farei de ti uma grande nação, te abençoarei e engrandecerei o teu nome". Havia uma promessa me esperando, mas eu precisava sair da tenda.

Um dos primeiros passos para cura e transformação é a identificação. Você está lembrada de que precisei olhar para o espelho? Era isso que o Senhor estava fazendo, fazendo-me olhar para os lugares de onde eu precisava sair. Um desses lugares era a tenda do vitimismo, eu acredito que esse lugar é onde mais existem mulheres presas, eu vivi muito tempo nesse lugar. Quantas vezes eu culpava os outros por tudo que estava vivendo, pelas minhas dores. A pessoa que vive no vitimismo sempre culpa o outro e nunca está disposta a se autorresponsabilizar, e isso a impede que seja transformada. A Bíblia relata, em João (5:11), sobre um homem paralítico, nessa história é nítido como esse paralítico era vítima da sua condição. Ele estava paralisado há 38 anos porque esperava por alguém que ajudasse entrar no tanque quando as águas ficassem agitadas.

A Bíblia também diz que, quando Jesus perguntou ao paralítico se ele queria ficar são, assim respondeu o paralítico, em João (5:7): "Senhor, não tenho homem algum que quando a água é agitada, ponha-me no tanque; mas enquanto eu vou, desce outro antes de mim". Fui como esse homem, Jesus perguntando se eu queria ficar sã, e eu colocando desculpas. A cura daquele homem não foi por meio das águas agitadas, que ele tanto esperava, mas foram as palavras que saíram da boca de Jesus. No decorrer do versículo, Jesus diz ao paralítico, em João (5:11): "Levanta, pega tua cama e anda". Essas foram as palavras de ordem para aquele homem, essas foram as palavras de ordem a mim naquele dia, perceba a associação:

Levantar = sair desse lugar, ter um posicionamento.

Pegar a tua cama = minha história de vida, meu testemunho.

Andar = obediência.

E, por onde eu fosse, eu contaria aquilo que Jesus fez em mim, então saí da posição de vítima e me coloquei como protagonista.

“Mulheres com um chamado vivem milagres, mas também vivem dores.”

Camila Guedes

Cleide Dias

Eu sou Cleide Dias, natural de Lago da Pedra/MA, e resido em Imperatriz/MA com meu esposo Handson Dias. Somos casados há 16 anos, e juntos somos pastores no Ministério Nova Aliança e discípulos dos pastores sêniores Raimundo Nonato de O. Lopes e Maria de Jesus D. da Luz Lopes.

Além de pastora, sou teóloga, pedagoga, pós-graduada em Psicopedagogia, palestrante, treinadora de pessoas nas áreas de desenvolvimento pessoal, liderança, vendas, empreendedorismo e finanças pessoais, escritora, fundadora do Instituto Alinhando Propósitos, servindo a ministérios com cursos, seminários e treinamentos, atendendo também a área empresarial por meio da C&H Dias Treinamentos.

Há mais de uma década, tenho ajudado milhares de pessoas de maneira individual e em grupo.

cleidediasoficial

+55 (99) 98266-1747

cleidediasoficial@gmail.com

MULHERES COM UM CHAMADO

MUDE SUA HISTÓRIA

5

Por Cleide Dias

Muitas coisas que fiz na vida não foi porque tive coragem, mas fui aprendendo com o tempo que, mais importante que ter coragem, é ter atitude, depois a coragem chega. Quero compartilhar sobre cinco decisões importantes que aprendi lendo o livro de Rute e que apliquei na minha vida para transformar minha história. Então, pegue a sua Bíblia, abra no livro de Rute e vamos juntas aprender como mudar sua história hoje!

Rute (1:1-5)

Elimeleque jamais pensou que estava indo ao encontro da morte, muito menos que estava conduzindo seus filhos para o mesmo caminho. Agora ficaram três viúvas desamparadas: Noemi, Rute e Orfa. Parecia ser o fim para todas elas, eu costumo dizer que aquilo que parece o fim, é Deus começando algo novo. E Deus realmente estava iniciando uma nova história para Noemi e sua nora Rute, elas só não sabiam disso. Nosso Deus trabalha no oculto em muitos momentos de nossas vidas para nos surpreender com um futuro que ainda não somos capazes de enxergar (Isaías 45:15).

Rute (1:6-7)

Imagine o cenário que Noemi contemplava, entretanto, o texto bíblico segue dizendo que Noemi ficou sabendo que o Senhor estava agindo em sua terra natal e, por conta dessa notícia, ela tomou a decisão mais importante da sua vida. Tomar decisões em contextos difíceis não é simples e nem fácil, mas é a única maneira de gerar uma mudança necessária. Por muitas vezes, eu precisei tomar decisões importantes em momentos cruciais e quero compartilhar aqui a importância dessas tomadas de decisões acertadas, mesmo quando não podemos ver os resultados delas.

1ª) Ouvir a coisa certa

No nosso dia a dia escutamos muitas coisas por todos os lugares que andamos, cabe a nós decidirmos no que acreditar. Em 2012, passei um tempo muito difícil com meu esposo na UTI, desenganado pelos médicos. Eu ouvi algumas vozes que me diziam: "Ele não vai viver", "De hoje ele não passa". Eu tinha muitas vozes afirmando que ele não escaparia, mas eu decidi me agarrar nas promessas que um dia Deus tinha liberado acerca da vida dele, e isso foi o suficiente para transformar toda aquela situação de desespero em esperança. O meu esposo ficou milagrosamente curado em um período de sete dias. Pare de escutar os incrédulos, decida ouvir o que Deus está falando, tire os olhos das circunstâncias, olhe para o Autor e Consumador da sua fé, Ele tem milagre para você. Noemi ouviu e creu que a benção de Deus estava de volta à sua terra.

2ª) Sair de Moabe

As noras de Noemi decidiram sair com ela das terras de Moabe e as três caminharam juntas por um tempo (Rute 1:7). Porém Noemi pede para que elas não a sigam, evidentemente, pensando que não teria nada a oferecer para suas noras (Rute 1:8-14). O texto afirma que as noras estavam dispostas a continuar com a sogra ao ponto de chorarem alto, mas uma delas chamada Orfa decide não continuar. Eu imagino que Orfa tenha pensado sobre tudo aquilo de que ela estava abrindo mão, afinal nasceu e cresceu em Moabe, sua família também, tudo o que ela tinha estava lá.

Essa foi a sensação que senti quando precisei mudar de cidade há 27 anos, muito jovem, cheia de sonhos, mas com muitas doenças emocionais. Eu não conhecia nenhum outro lugar, eu tinha medo até de sair na rua, imagine mudar de cidade. Mas eu comecei a receber muitas palavras de Deus que me direcionavam a ir embora, fazer seminários, ser missionária etc., e como eu disse antes: se não tiver coragem, tenha atitude, depois a coragem chega. Eu tive atitude, peguei um ônibus fui embora para Imperatriz/MA, onde moro até hoje. Se queremos realmente mudar de vida será necessário ter atitudes, pois às vezes nos falta a coragem.

Orfa queria uma nova vida, mas não queria um novo lugar. Algumas pessoas querem algo novo, mas não estão dispostas a fazer sacrifícios. Quem quer ter o que nunca teve, precisa dar o que nunca deu. Noemi aconselha Rute a seguir Orfa, mas ela está decidida a permanecer (Rute 1:15-18). Orfa e Rute representam dois caminhos: Orfa é o caminho do retrocesso, da desistência. Rute é o caminho da permanência, do nunca desistir.

A decisão de sair de Moabe é a chance de vencer, de viver o novo de Deus. Qual é o lugar que você precisa sair hoje? Rute precisou sair de sua geografia, de um lugar seguro, confortável. Qual é o lugar que tem limitado você, uma crença, uma opinião, um relacionamento errado? Lugar de derrota, de fracasso, de falência, de esterilidade? Decida se mover, saia de Moabe, saia daquilo que lhe traz limitações.

Eu saí da minha Moabe, meu lugar seguro, mas se tivesse permanecido lá jamais teria me tornado a mulher que me tornei. Mas sair de Moabe não é suficiente. Orfa saiu e caminhou um longo percurso, até chorou abraçando sua sogra, mas desistiu e seu nome nunca mais foi mencionado.

3ª) Ser leal

A decisão de Rute em ser leal à sua sogra fez com que sua história virasse um livro da Bíblia, em uma época em que as mulheres não estavam em evidência. Ser leal vai fazer você viver o extraordinário. Eu senti vontade de voltar para minha cidade muitas vezes durante os primeiros anos, mas eu queria viver algo novo da parte de Deus. Rute só foi abençoada porque permaneceu leal a Noemi. A lealdade é valiosa e geralmente é revelada pelas decisões que você toma nos dias difíceis.

Eu tive muitas pessoas que me abençoaram no início da minha vida em Imperatriz, mas quero falar de alguém que me lançou no ministério pastoral. A mulher que chamo de minha mãe espiritual, aquela que me acolheu como Noemi acolheu a Rute. Eu tomei a decisão de ser leal à Pra. Maria de Fátima Resplandes Lima, de honrá-la e servi-la. Ela e seu esposo Pr. Washington Vieira Lima nos colocaram dentro de sua casa, onde moramos por nove meses, e sempre me refiro a esse período como gestacional do nosso ministério pastoral.

Imagino que Noemi amou e cuidou de Rute em Moabe, porque é nítida a gratidão e a lealdade de Rute para com sua sogra. Mas também é nítida a angústia de Noemi ao chegar em sua terra natal (Rute 1: 20-21). Imagino como foi difícil para Rute caminhar de Moabe a Belém com sua sogra amargurada. Rute deve ter escutado muitas reclamações de Noemi, mas com certeza ela preferiu lembrar das palavras que havia aprendido quando viveram em família nas terras de Moabe. Certamente, Noemi exaltava ao Deus de Israel todos os dias, ao ponto de Rute se apaixonar por esse Deus (Rute 1:16). Isso é muito importante em nossa jornada: gratidão e lealdade não podem ser esquecidas nos processos. Se você continuar grata e leal nos dias difíceis, Deus honrará você e lhe conduzirá ao seu propósito. A lealdade é um princípio espiritual. Permanecer leal nos coloca em lugar de autoridade.

4ª) Servir

Quando chegou em Belém, Rute não esperou Noemi arrumar algo para ela fazer (Rute 2:2-3). Quando você se movimenta, o céu manifesta-se. Quantas pessoas estão de braços cruzados, até oram, jejuam, mas não se dispõem para nada. Coisas grandes vão acontecer quando você se mover. Envolva-se na obra do ministério de que você faz parte. Essa é uma decisão que eu e meu esposo tomamos há muito tempo, estamos sempre prontos para servir onde e com o que for necessário.

Provavelmente Rute não esperava ser notada por Boaz, mas ele a protegeu e a encorajou a permanecer (Rute 2:4-10). Foi o que disseram sobre o serviço de Rute à sua sogra que chamou atenção de Boaz (Rute 2:11-12). De que maneira você tem servido? Qual é a notícia que tem se espalhado sobre você? Tudo que você faz o céu registra, Deus vê o que você faz e o que você diz. Existe um memorial no céu de tudo que você pratica na Terra. Rute estava debaixo de uma lei que a permitia colher migalhas, mas Boaz autorizou seus servos a darem a ela muito mais do que migalhas (Rute 2:15-19). Quando você se posiciona, também deixa de colher migalhas, e começa a construir riquezas. Tome a decisão de servir, assuma seu chamado independente das circunstâncias, e Deus vai agir a seu favor.

5ª) Obedecer

Rute talvez não soubesse, mas tinha outra lei que a protegia, a lei do levirato, essa lei permitia que uma viúva se casasse com o parente próximo do falecido, para poder ter a herança, uma vez que não tivesse tido filhos. Noemi então começa a instruir Rute de como ela deve fazer para ser resgatada por Boaz (Rute 3:1-3). Naquela cultura existia um ritual. Após a mulher estar comprometida, ela precisava ficar pronta o tempo todo, pois a qualquer momento o noivo chegaria para lhe buscar como esposa. E Rute agora iria ser resgatada por Boaz e tudo na vida dela iria mudar.

"Lave-se, perfume-se, vista sua melhor roupa e desça para a eira" (Rute 3:3). O que Noemi estava dizendo era: esqueça o passado, mude seus hábitos, pois você vai colher os frutos das suas decisões. Rute se casou com Boaz, foi a bisavó do rei Davi (Rute 4:13-17) e entrou na genealogia de Jesus, mesmo vindo de uma origem maldita.

Lembro-me muito bem de quantas vezes fui desafiada a obedecer a comandos de Deus, da minha liderança, que algumas vezes não faziam sentido para mim e, mesmo algumas vezes sem entender ou concordar, eu obedeci e pude ver o quanto valeu a pena.

Rute foi a transição do caos para um novo tempo. Se Deus usou uma estrangeira amaldiçoada para mudar uma nação, Ele vai usar você. Tome as decisões certas. Talvez você diga que Rute teve sorte de encontrar um homem nobre, por isso se deu bem. Saiba que a Bíblia diz que Boaz era filho de uma prostituta (Mateus 1:5-6), isso mesmo, Boaz nasceu da prostituta Raabe, mas a nobreza veio porque ela tomou a decisão de seguir o Deus eterno (Josué 6:25). Deus muda qualquer história, deixe Ele mudar a sua!

Deus mudou a minha história porque um dia tomei a decisão de sair da minha Moabe, decidi ser leal e obediente a todos aqueles que me acolheram e decidi servir a todos à minha volta. Decida hoje sair dos lugares que limitam você, decida hoje ser leal independentemente das circunstâncias, continue servindo em qualquer estação. Se você não consegue fazer isso sozinha, chame-me por meio dos meus contatos, eu estou aqui pronta a lhe ajudar! Rute foi chave na vida de Noemi, para trazer de volta a alegria, Deus vai colocar pessoas na sua vida que irão lhe abençoar e mudar sua história, mas não esqueça que você também foi chamada para mudar histórias. Permita-se abençoar a vida de outras pessoas.

REFERÊNCIA

BÍBLIA Sagrada. Nova versão internacional. Revista e atualizada no Brasil. 2. ed. São Paulo: Sociedade Bíblica do Brasil, 2000.

"Se não tiver coragem, tenha atitude, depois a coragem chega."

Cleide Dias

Cristiane Eleutério Pinheiro

Eu sou Cristiane Eleutério Pinheiro, nascida em Fortaleza//CE, casada há 33 anos com Cláudio Pinheiro, somos pais do Igor e da Ingrid Eleutério, ambos dentistas e casados, somos avós do Levi, filho do nosso primogênito.

Também sou pastora, missionária do Haggai International, palestrante e comunicadora de rádio. Sou formada em Letras, especialista em Psicopedagogia Clínica e Institucional e mestre em Ciências da Educação, ensino inglês há 25 anos. O intercâmbio que fiz nos EUA e a proficiência no inglês abriram-me muitas portas, profissionais e ministeriais. Por onde vou, levo sempre uma mensagem de fé, confiança e testemunho milagres.

Meu casamento foi restaurado por Deus e fui curada de câncer no reto.

cristiane_eleuterio

+55 (85) 99784-0044

cristiane_eleuterio@yahoo.com.br

Cristiane Eleutério Pinheiro

MULHERES COM UM CHAMADO

UMA PALAVRA DE DEUS MUDA TUDO

6

Por Cristiane Eleutério Pinheiro

O poder de um joelho dobrado em oração é incalculável. Foi dessa maneira que muitos homens e mulheres de Deus alcançaram feitos incríveis. Por meio desse ato de fé, dobrar o joelho em oração, o Senhor nos mostra que pode operar, mesmo diante das nossas fraquezas, limitações humanas e falta de recursos.

Os heróis da fé na Bíblia Sagrada não tinham tudo, a maioria na verdade não tinha nem o suficiente, porém, permaneceram firmes em oração e viram Deus agir em suas vidas, alterando completamente os resultados, superando toda a escassez e limitações existentes, alcançando assim milagres extraordinários. "Orem no Espírito em todas as ocasiões, com toda oração e súplica; tendo isso em mente, estejam atentos e perseverem na oração por todos os santos" (Efésios 6:18).

Eu creio no poder da oração, ela move os céus em nosso favor, os ouvidos de Deus estão atentos aos que oram e buscam por Sua doce presença. Quantas vezes sabemos que precisamos orar, mas sentimos uma grande dificuldade para entrar em oração. Digo para vocês que é real essa resistência e precisamos estar muito determinados para não ceder, não desistir, pois o inimigo da nossa alma não brinca em serviço, mas Deus está perto de você, creia. Quando isso acontecer, clame ao Senhor por ajuda, pois Deus do nada faz tudo e do tudo faz nada, e afirmo a você que Ele pode e quer socorrê-la. "E tudo que pedirdes em oração crendo, o recebereis" (Mateus 21:22).

Isso aconteceu comigo, travei uma grande batalha espiritual no meu casamento, há 28 anos, e se não fosse o poder de um joelho dobrado em oração a Deus, eu teria sucumbido com certeza. Tínhamos apenas cinco anos de casados, duas crianças que dependiam totalmente de nós e uma vida inteira pela frente. Porém, sabemos e cremos no que está escrito: o diabo veio para matar, roubar e destruir (João 10:10).

Fiz uma viagem com a família do meu marido, era julho, mês de férias, as crianças ficaram com minha mãe e a babá na casa de praia e ele ficou em Fortaleza por conta do trabalho, mas aqui há um importante detalhe: entramos em acordo e tudo ficou acertado entre nós sobre essa questão. Na ocasião tínhamos cinco anos de casados, tudo estava bem entre nós, essa viagem seria para os Estados Unidos, íamos para um casamento de uma prima dele e eu, como era fluente em inglês, lideraria o grupo familiar.

Antes de viajar, orei muito ao Senhor e recebi de Deus essa palavra, em Ezequiel (3:22): "E a mão do Senhor estava sobre mim ali, e Ele me disse: Levanta-te, e sai ao vale e ali eu falarei contigo". Então viajei em paz. Em 1996, ainda não existiam as redes sociais como hoje, e eu, com muitas saudades dele, escrevia cartões postais e telefonava quando podia.

A Bíblia fala em Amós (3:7) que: "Certamente o Senhor não fará coisa alguma, sem ter revelado o seu segredo aos seus servos, os profetas". Naquela ocasião, eu ainda não sabia, mas o Senhor havia me escolhido para ser sua profeta e, por isso, Ele me revelou durante essa viagem, numa noite no hotel, coisas tremendas que iriam acontecer quando eu voltasse para casa. Ele me disse: "Fique de joelhos, Cristiane!" e eu me ajoelhei, então, Ele me falou assim: "Quando você voltar para o Brasil, você enfrentará um demônio de saias. Mas não se preocupe, pois eu estarei com você o tempo todo, darei forças e estratégias para você lutar e vencer o inimigo". Não sei com vocês, mas sempre que o Senhor fala comigo, Ele utiliza a Sua Palavra: "Não to mandei eu? Sê forte e corajoso; não temas nem te espantes, porque o Senhor teu Deus é contigo por onde quer que andares" (Josué 1:9).

Ao voltar para casa, ainda no aeroporto, vi uma mudança no comportamento do meu marido comigo, estava frio e indiferente, não parecia mais aquele homem apaixonado que eu conhecia, e ao chegar em nosso apartamento, vi que, de todos os cartões postais que eu havia enviado para ele com tanto amor, nenhum deles sequer foi aberto. Que tristeza e decepção eu senti!

Então começou a saga dentro do meu lar, contei a ele o que Deus havia me revelado na viagem, falei sobre o adultério e do demônio de saias, a princípio ele negou tudo, mas diante do meu posicionamento firme, ele acabou confirmando que estava tendo um caso com uma mulher, que ela era bem melhor do que eu, muito mais divertida, pois sabia dançar forró e também bebia cerveja, e ambas as coisas eu não fazia. Ele estava completamente enfeitiçado por ela, nem escondia mais nada, chegando inclusive a marcar encontros com ela no viva-voz do telefone para eu ouvir.

Pedi direção a Deus sobre como proceder, o que fazer diante dessa situação de traição, vergonha e humilhação. No meio desse turbilhão de problemas, minha família, pais e irmãos, ao tomarem conhecimento da traição, decidiram ir lá em casa uma noite para exigir que eu me separasse dele e pedisse o divórcio. Mas, nas minhas orações, o Espírito Santo me disse: "Se creres, serás salvo tu e tua casa". E eu decidi crer, sem ver nenhuma evidência, mudança ou arrependimento da parte do meu esposo, tomei posse do que estava escrito na Bíblia Sagrada e resolvi dar um grande passo de fé, pois minha família mandou eu fazer uma escolha: ficar com eles, recebendo todo o apoio possível para me divorciar, ou ficar casada com meu marido adúltero.

Há momentos na vida em que precisamos fazer escolhas difíceis e, nesse momento, só mesmo Jesus para nos trazer a paz que excede o entendimento humano, diante de um conflito tão grande, pois não se tratava apenas de mim, mas também do futuro das minhas crianças, e digo algo para vocês que aprendi nesse processo: Jesus é suficiente, pois um com Deus é maioria.

Senti em cada momento o amor e o cuidado de Deus, mesmo sem receber o apoio da família e de alguns amigos, pois achavam loucura eu lutar pelo meu casamento, já que meu marido parecia não estar arrependido. A Bíblia fala que "o choro pode durar uma noite, mas a alegria vem pela manhã" (Salmos 30:5). No meu caso, o choro durou meses, mas aprendi a chorar nos pés do Senhor, pois também está escrito que são bem-aventurados os que choram, pois eles serão consolados.

Uma noite, meu marido chegou em casa de madrugada e foi dormir tranquilamente, já estávamos sem ter relações sexuais há muito tempo, desde que eu cheguei de viagem, pois ele me evitava. Logo que ele deitou na rede, dormiu, e eu fiquei de joelhos orando e me derramando aos pés do Senhor, eram três da manhã e eu fiz uma oração bem direta, onde abri meu coração a Deus e falei que estava cansada de tudo aquilo, das humilhações, do desprezo, das críticas da família e dos amigos, das opiniões etc. Falei que queria viver somente para Deus e criar meus filhos no temor do Senhor, na época eu tinha 30 anos de idade. Pedi um sinal a Deus se era para eu continuar lutando pelo meu casamento ou desistir dele, já que a Bíblia diz que Deus permite a carta de divórcio em caso de adultério. O sinal era este: se fosse realmente para eu ficar com meu marido, suportando por mais tempo aquela prova para obter a restauração do meu casamento, eu queria ouvir da boca dele que ele me amava, que eu era uma boa mãe e uma esposa dedicada, mas era preciso ele falar tudo aquilo como um sinal de Deus, pois durante todos aqueles meses, só ouvi palavras que me feriram e machucaram o meu coração. Então, ouvi a doce voz do Espírito Santo a me falar que o Cláudio estava guardado nas mãos de Deus e que, a qualquer momento, ele poderia ser transformado, porém, quem estava na olaria do Pai era eu, Deus estava me quebrando para fazer um vaso novoa ser usado poderosamente na Sua obra. Ele estava me lapidando e tirando de mim tudo que não visava à Sua Santidade, a saber: meu orgulho, minha independência, minha autossuficiência, minha impaciência, minha justiça própria, minha incredulidade etc.

Depois, Ele me encheria dEle até transbordar do Seu Amor, finalizando isso, eu ouvi Deus falar: vou lhe fazer voar nas asas da humilhação e, depois de tudo, para cada afronta sofrida no processo por permissão minha, haverá dupla honra. Logo em seguida, meu marido teve um pesadelo horrível, e acordou muito atribulado, chamou-me para deitar com ele na rede e disse que sonhou como se eu houvesse arrumado um outro marido e, ao me ver com outro homem me acariciando, ele se sentiu muito mal e teve ciúmes. Confessou, chorando, que achava que não me amava mais, mas naquele sonho viu que estava errado, ele me amava muito, não queria me perder nem acabar com o nosso casamento, e finalizou dizendo que eu era uma ótima mãe e esposa! Aleluia!

Como Deus é fiel, Deus é Deus de detalhes, e tudo, exatamente tudo, coopera para o bem daqueles que amam a Deus e são chamados segundo o Seu propósito. Naquela noite chorei, mas foi de alegria no Senhor pela Sua fidelidade para comigo, por responder minhas orações e dizer para mim que a breve e momentânea tribulação que eu estava passando, não daria para comparar com o peso de glória que seria revelado. E olhe que, a tribulação pela qual passei não foi breve, durou foi muito tempo, mas valeu a pena. Fizemos amor naquela noite, e o inimigo começou a perder, pois o nosso Deus é general que jamais perde batalha.

Deus fez o que ninguém poderia fazer, Cláudio foi sendo transformado da água para o vinho, rapidamente, compartilhando tudo, contando inclusive as ameaças que a amante fazia contra mim e nossos filhos. A parceria, a cumplicidade, a confiança e a unidade foram sendo reconstruídas dia após dia.

Uma noite, quando saí para igreja, ele me perguntou se eu não iria chamá-lo, eu falei que sim, que ele seria sempre bem-vindo ali, mas ele não foi comigo. Porém, ao final do culto, quando o pastor fez o apelo, eu estava sentada na frente e não vi que o Cláudio estava lá atrás, então, eu o vi correndo para frente e aceitando a Jesus como seu único e suficiente Senhor e Salvador.

Meu casamento foi completamente restaurado, há 23 anos nossa casa é casa de oração, onde muitos são salvos, e hoje somos líderes de casais na nossa igreja e do Curso Casados para Sempre, fomos ordenados pastores desde 2018. O Senhor é fiel. Posso dizer: Nós vivemos milagres, pois eu e minha casa servimos ao Senhor!

REFERÊNCIA

BÍBLIA Sagrada. Harpa Sagrada. Barueri: Sociedade Bíblica do Brasil; Rio de Janeiro: Casa Publicadora das Assembleias de Deus, 2009.

"Jesus é suficiente, pois um com Deus é maioria."

Cristiane Eleutério Pinheiro

Daniele Sachetti

Eu sou a Daniele Sachetti, neuroconsultora de imagem. Hoje, sirvo ao Senhor como diaconisa do Ministério Aviva World Church, atuando em cura e libertação. Nascida em São Paulo e apaixonada por desvendar a mente humana e os propósitos de Deus, tenho como missão ajudar as pessoas a brilharem mais. Após mais de vinte anos de estudos sobre imagem e comportamento e com inspiração divina, desenvolvi meu método Neuroconsultoria de Imagem, alinhando essência, missão e beleza com o propósito de valorizar a imagem de acordo com o que a pessoa realmente é e precisa transmitir.

danisachetti

daniele.sachetti

contato@neuroconsultoriadeimagem.com

neuroconsultoriadeimagem.com

MULHERES COM UM CHAMADO

IMAGEM COMO CHAMADO 7

Por Daniele Sachetti

Nascida em São Paulo, fui a primeira de três meninas, fruto das tentativas frustradas do meu pai de ter um menino. Desde cedo, isso me fez querer provar que não estava aqui por acaso. Meus pais sempre trabalharam muito, e isso me trouxe uma sensação de ausência deles na infância, em que eu sofri abusos. Nossas maiores dores da primeira infância moldam nossos traços de caráter e, hoje, agradeço a cada desafio, pois foram eles que forjaram minha força. Se em algum momento você duvidar disso, estou aqui para relembrar que Deus está no controle de tudo (leia Mateus 10:29-30, Isaías 45:7, Colossenses 1:16 e Provérbios 16:4).

Aos 11 anos, minha mãe inscreveu-me em um concurso de beleza e perdi. Isso me desafiou a me preparar sozinha nessa idade até vencer o concurso de Miss Mirim do Estado de São Paulo. E, a partir disso, comecei a trabalhar como modelo. Estampei grandes campanhas e comerciais de TV e, aos 21 anos, fui uma das maiores modelos comerciais do país, mesmo sendo uma das mais baixas da minha profissão. Isso motivava muitas meninas e eu amava! Comecei a entender que tinha um propósito. Nesse momento da vida, participei de um programa de TV muito conhecido na época, chamado "Fantasia", no SBT. Uma das capas de revista que fiz na adolescência me marcou pelo descritivo que me deram: "guerreira sem perder a ternura". Isso me fez refletir sobre a força que carregamos dentro de nós e como ela pode coexistir com a doçura e a graça.

Por quantas vezes, por não entender as suas forças, você se identificou de forma desvalorizada? Quais atributos compõem o seu diferencial e você enxerga como fraqueza? Também trabalhei como repórter e apresentadora. Em um momento em que estudava e trabalhava, vivendo uma vida extremamente corrida e dormindo poucas horas, decidi me desafiar ao novo e ir morar fora do país. Fui para a Cidade do México, onde morei por três anos, e isso foi extremamente desafiador. Um capítulo bem ocupado também por trabalhos e estudos, que foi interrompido por um acidente de moto. Assim como eu, várias situações na vida nos fizeram questionar "Por que Deus permitiu?" e, muitas vezes, não ouvir a resposta porque a pergunta estava errada. Não é "por quê?", e sim "para quê?" — "O que Deus está querendo moldar em mim com isto?".

Os médicos disseram que foi um milagre, pois pelo trauma eu teria ficado paraplégica. Com muita fé, minha regeneração foi acontecendo de forma sobrenatural. Entendi que os nossos desertos levam o tempo necessário para o preparo do que está por vir, que depende grandemente do nosso aprendizado nele. Por conta disso, voltei para o Brasil. Sempre estudando muito, pois é uma grande paixão que tenho: aprender. Talvez, no fundo, seu espírito saiba que suas paixões estão alinhadas com seu chamado. E os ciclos em minha vida vão sendo concluídos.

Nesse retorno para cá, uma amiga incentivou-me a ajudá-la a posicionar-se também com sua imagem. Foi um sucesso e muita gente começou a me contratar, assim comecei a trabalhar como consultora de imagem, colocando em prática minhas formações também para os outros e direcionando identidades e propósitos.

Você já notou que em alguns momentos Deus colocou pessoas que lhe direcionaram aonde Ele queria levar você? Dessa forma, fui me aperfeiçoando cada vez mais em estudos de imagem, comportamento, visagismo e sobre a mente humana. Tudo o que aprendi em todos esses anos conectava-se de forma divina e surpreendente. Descobri como nossa imagem representava mensagens do nosso cérebro em nível mais profundo. Desenvolvi, então, o método "Neuroconsultoria de Imagem", ligando a neurociência com estratégia e posicionamento de imagem.

Minha jornada com Cristo começou aos doze anos, mas usava Deus para seguir meus próprios propósitos. Frequentava igrejas, contudo meu relacionamento com Deus era distante. Buscava me preencher de várias formas. À minha maneira, sempre tive muitas vitórias, mas não me sentia completa. Subia e caía internamente. Em 2022, senti-me paralisada, sem rumo. Até que tive um encontro genuíno com Deus e decidi não mais viver coisas grandes, mas sim coisas do alto. Tomei posse do meu lugar de filha, que sempre esteve ali me esperando e eu não enxergava porque estava buscando meu lugar lá fora — mas ele começa dentro de nós: reconhecendo nosso DNA, nossa real identidade. Ao me dar conta disso, eu decidi abrir mão de tudo que tinha conquistado, incluindo minha autoimagem. Deus tirou tudo que não vinha dEle, retirou também todos os traumas, medos e crenças equivocadas. A reconstrução em Deus só acontece quando soltamos o nosso controle e o colocamos em Suas poderosas mãos. Por acaso, quem melhor para descrever o que é algo e sua funcionalidade, do que seu próprio criador, não é mesmo? Passei meses buscando alinhar o meu trabalho ao meu propósito também, pois eu não queria mais ser fragmentada: a Daniele na igreja, a Daniele com a família, a Daniele no trabalho, a Daniele com os amigos etc. Se você olhar para a sua vida hoje, o quão formada a sua identidade está para ser autêntica em todos os seus lugares?

Quando nos aprofundamos em Deus, Ele nos coloca em ambientes de escola para o novo nível. Cada vez mais, minha vida foi mudando e o Pai se mostrando no controle com riqueza de detalhes. Pessoas que retirava, pessoas que aproximava. Lugares de onde me tirava e lugares onde me colocava. Sim, eu vivi grandes desertos, pois para mudar de nível e crescer é necessário romper. E romper dói. Nos momentos que achava que não suportaria, eu sentia Jesus me pegando no colo. Quanto mais difícil, mais eu me entregava. Até que, nessa busca cada dia mais profunda com Deus, Ele me revelou em minha raiz o meu chamado de ajudar a curar mulheres e resgatar a essência delas, também por meio das flores. Tomei posse e mergulhei nesse novo de Deus, nas características da natureza que remetiam à nossa estrutura comportamental, usando a imagem para comunicar o propósito de cada mulher. Achei incrível a forma que Deus foi conectando cada passo da minha vida para chegar aonde Ele queria me levar!

"Se o grão de trigo que cai na terra não morre, ele continua só um grão de trigo; mas se morre, então produz muito fruto. Quem se apega à sua vida, perde-a; mas quem faz pouca conta de sua vida neste mundo conservá-la-á para a vida eterna" (Jo 12:24-25).

Quero convidá-la a parar agora por um instante para analisar seus sonhos. Qual a motivação deles? Que diferença eles fazem no mundo? Seus sonhos estão altos ou apenas grandes? Em Jeremias (1:5) e Salmos

(139:13-16) diz-se que fomos escolhidos e moldados desde o ventre e nossa essência sempre foi a mesma. Porém, para mim, a beleza da identidade está exatamente nessa jornada da redescoberta, pois, a partir disso, tudo ganha propósito e significado.

Foi um grande salto na minha vida entender que, onde eu me sentia uma "ovelha perdida", Deus tinha um grande propósito, pois a maioria das pessoas cristãs via a imagem como vaidade, mas o Senhor mostrou-me o contrário: o valor do autocuidado. Honrar nosso templo e exalar nossa beleza e graça reflete a presença dEle! Sua imagem reflete seu chamado! Deus usou do meu improvável para revelar minha identidade exclusiva. E Ele está fazendo isso com você também!

Nesse renascimento, nasce uma nova presença, mais completa, mais brilhante. Quanto mais nos reconhecemos, mais entendemos por que Deus nos fez. Quanto mais uma pessoa se conecta com a Fonte, mais bela e valiosa ela fica, porque exatamente sendo como somos, cada traço, personalidade, é que exerceríamos nosso chamado. Na nossa forma, vamos sendo a luz que ajuda a clarear quem precisa dela. Mais suave ou mais imponente, mais expandida ou mais centrada... como você é?

A grande chave que Deus me revelou para cumprir o nosso chamado é formatar essas quatro etapas:

1. **Identidade** (semente): sua origem, de onde veio?

2. **Crescimento** (caule): suas experiências e habilidades durante a vida. Onde mais brilha? Qual área sempre foi mais atacada na sua vida? (O inimigo atua bem aqui).

3. **Forma:** a solidificação da sua identidade — como isso se tornou uma missão para conduzir outras pessoas?

4. **Imagem** (flor): aqui todos veem e sentem sua mensagem, sua missão. Você compartilha, serve e colhe os frutos.

Comece, agora, a olhar para sua imagem como posicionamento do seu chamado. Como você tem se apresentado? De forma mais delicada e amorosa ou mais divertida, levando alegria por onde passa? Talvez de forma mais séria ou imponente. A mensagem que você comunica revela o que você carrega.

Que tipo de vestimenta você usa e sente que está nas suas forças, deixando-lhe mais segura, fluida e valorizada pelas pessoas? Teste algumas dessas opções:

- Para passar mais extroversão e divertimento, use roupas mais fluidas e coloridas;
- Para passar mais seriedade e controle, use cores mais sóbrias em caimentos mais alinhados;
- Para passar mais imponência e força, use roupas mais estruturadas, firmes, acessórios mais imponentes.

Experimente em cada dia se vestir com uma dessas combinações e irá se surpreender! Note como foi o seu dia ao final dele. Como você se sentiu e como as pessoas até trataram você, se foi da forma como gostaria. Não se esqueça que independentemente do estilo, esteja sempre bem cuidada: pele, cabelos, dentes, unhas, roupas limpas e passadas – cada detalhe em nossa imagem comunica nosso zelo e valor. Procure-me em algum dos contatos nas redes sociais e compartilhe a experiência de ver que, vestida de si, as portas vão se abrindo para você, pois não faz apenas a diferença na sua autoestima, mas mudará seu posicionamento pessoal, social e profissional no mundo.

É a sua imagem que vai lhe encaixar nos lugares que você precisa estar para executar o seu chamado. Com essa autoanálise tudo fará sentido, pois deixará hoje mesmo de olhar para fora e buscará, em você, a sua essência do Criador.

Com amor e gratidão, desafio você a ver que toda a sua história foi de passos dados com a graça de Deus, para lhe preparar para seu propósito, inspirando você a florescer e brilhar a luz que Deus colocou em você. Você não é como é por acaso.

REFERÊNCIAS

BÍBLIA Sagrada. João Ferreira de Almeida. Revista e atualizada no Brasil. 3. ed. São Paulo: Sociedade Bíblica do Brasil, 2017.

"É a sua imagem que vai lhe encaixar nos lugares em que você precisa estar para executar o seu chamado."

Daniele Sachetti

Dayane Pina

Eu me chamo Dayane Pina e sou natural de Araguaçu/TO. Atualmente, moro em Goiânia/GO, sou casada com Guilherme Pina há onze anos e mãe de três filhos: João Gabriel, Joaquim e Josué. Graduada em Administração, atualmente estou cursando Psicologia. Após o nascimento do nosso primogênito, optamos por eu me dedicar ao lar. Desde então, sigo nesse equilíbrio, cuidando do lar e estudando.

Tenho como chamado cuidar de mulheres que desejam ardentemente conhecer sua identidade em Cristo. Eu conheci Deus como Pai. Se Ele me resgatou e mudou meu viver, Ele pode mudar também a sua história. Sigo sendo transformada, buscando em Deus para que outras mulheres sejam alcançadas por esse mesmo amor que me resgatou.

daypina_

daypina@icloud.com

GERADA NO CORAÇÃO DE DEUS

8

Por Dayane Pina

Você está prestes a ler algumas páginas sobre minha vida, uma parte profunda do meu coração que despertou em mim a vontade de viver uma vida extraordinária em dias comuns. Antes de começar, quero dizer que, se em algum momento, seu coração se voltar para a minha força, pare e volte o seu olhar para Deus. Não se trata apenas de mim, mas de Deus que, apesar de mim, resgatou em amor, para que Seu nome seja glorificado por meio da minha vida.

Há 39 anos, eu nasci em um hospital no interior do Tocantins. Ao ouvir a história do meu nascimento, senti medo e vazio dentro de mim. Meus pais tiveram uma relação extraconjugal e eu seria a décima filha a nascer. Meu pai já era casado e continua casado com a mesma mulher até hoje, uma mulher forte e corajosa, que cuidou de mim por um tempo, apesar de suas próprias dores. Com ela, meu pai tem seis filhos. Com minha mãe, ele tem três filhas, e minha mãe já tinha um filho de seu primeiro casamento. Foi nesse contexto que eu nasci.

Eu cheguei ao mundo não como um símbolo de amor inquebrável, ou extensão de um amor que havia se multiplicado, mas como um lembrete silencioso de uma traição consumada, o fardo de uma origem proibida, o fruto de uma relação clandestina. Minha infância fora marcada pela vergonha e incerteza de quem eu era, como sombras me lembrando sempre de que eu não me encaixava nos padrões morais da sociedade.

Havia um fardo pesado sobre os meus ombros, uma identidade fragmentada, o desejo de aprovação, o sentimento de rejeição, abandono, eram meus companheiros de berço, a busca por pertencer a uma família, com a figura de um pai e uma mãe juntos, eram meus sonhos toda noite, até ao acordar e perceber que eram sonhos fantasiosos de uma criança tentando compreender sua origem. Por trás do meu sorriso brilhante, poucos percebiam a dor que eu guardava em meu coração. Aprendi a esconder as feridas atrás de piadas e risadas, enquanto me afundava cada vez mais na escuridão da minha alma.

Antes, meus olhos para Deus eram meramente um cumprimento de protocolo religioso. Durante minha infância, ouvi falar muito dEle; minha madrasta garantiu que fôssemos instruídas sobre Sua existência. Acredito que a semente da fé tenha sido plantada ainda na infância, mas parecia que eu ouvia sobre alguém que era bom, mas não para mim, não na minha realidade. Minha história parecia longe de ser aquela que Deus criaria. Esses eram os pensamentos mais profundos que permeavam meu coração.

Evidente que minhas emoções eram uma montanha russa: baixa autoestima, dificuldades de manter relações saudáveis, uma sensação persistente de inadequação, revolta, arrogância, orgulho e prepotência me acompanharam por muito tempo. Eu era como a folha que o vento leva, bastava um sopro e eu já estava ao chão, volta e meia me era trazido à memória esperança, um sussurro leve e gentil, "Eu estou contigo". De alguma forma, Isaías (41:10) era um sopro aos meus ouvidos nas noites banhadas de lágrimas.

Porém, em meio a tantas dores, havia um sonho no meu coração: o desejo de ter uma família, me casar, ter filhos. Meus olhos não enxergavam o que Deus havia planejado para mim, as dores da nossa alma quando não são saradas, ressignificadas, transformadas, impedem-nos de viver os planos de Deus. Eu andei perdida, anos se passaram, até que eu cheguei à exaustão emocional e espiritual e me prostrei no chão de um quarto como nunca havia feito, fui para o secreto falar com Deus. Eu costumava chorar minhas dores, como se Deus fosse alheio a elas, até que eu não resisti ao chamado de Deus para aliviar o meu fardo, ali no chão encharcado de lágrimas, por alguns minutos, meu coração foi rasgado diante dAquele que havia me gerado: "Deus, muda a minha história, eu quero ter família, quero ter um marido, quero ter filhos, mas os meus olhos não veem nenhuma possibilidade, quero um marido que ame mais o Senhor que a mim mesma, um homem que irá me respeitar e me amar como no primeiro encontro, um homem que me aproxime do Senhor, eu sou tão fraca, preciso de ajuda." Ali, no chão de um quarto fechado, só eu e Deus, tive a oportunidade de me arrepender dos meus pecados, Ele redimiu minhas dores, deu-me da água que sacia a sede e começou a mudar minha história. Deixei na cruz toda a minha autossuficiência e orgulho, e me humilhei diante dAquele que já me conhecia, antes mesmo que meus ossos fossem formados.

Deus renovava-me, com gotas de esperança a cada manhã, o suficiente para o dia, para então ser preparada para o "dia do sim" no altar. Sim, casei-me, com o homem que Deus colocou em meu caminho, exatamente como pedi em minha oração corajosa, oração feita em uma noite que parecia ser mais uma noite de lágrimas, mas Jesus estava ali enxugando cada uma delas, e mudando minha história.

Casei-me, e juntos enfrentamos inúmeros desafios em nossa jornada a dois, moldando-nos enquanto navegávamos pelas águas turbulentas da vida a dois. Como Eva foi formada por Deus a partir de Adão adormecido, eu me via sendo esculpida durante as longas noites de conversas e partilhas à mesa. Meu marido assumindo o papel de sacerdote e pastor do meu lar, pacientemente, conduzindo-me por meio das sombras de dores da minha alma, discipulava-me, exortava-me em muitos momentos. A mesa foi e continua sendo nosso lugar de vida, de confissão, de choro, de alegria, de alimento espiritual e físico, nem sempre nossas conversas eram fáceis. Hoje, com muitas dessas batalhas vencidas, sinto-me mais preparada para os próximos desafios, porque, antes, havia muita negação em mim, muita resistência, costumava desviar o foco para ele quando era confrontada, evitando encarar minhas dores de frente, minhas próprias fragilidades. Porém, à medida que nos expomos a Cristo, à verdade dEle, é como o sol ao amanhecer, que penetra nas sombras mais densas de nossa alma, revelando nossas dores mais profundas. Nesse processo, encontrei apoio em amigas e pastores, cuja presença também foi um bálsamo para minha vida.

A verdade que Deus é Pai começou a ecoar dentro de mim em uma verdade há muito tempo sussurrada: Deus é meu Pai. Essa revelação abalou as estruturas da minha existência, dividindo minha vida em antes e depois: o tempo em que eu pensava ser cristã e o tempo em que fui, verdadeiramente, resgatada por um amor inesgotável. Essa foi mais uma etapa de intimidade e restauração dessa relação com meu Pai Celestial. Por meio desse relacionamento, Deus mudou meu olhar para meus pais aqui na terra, fazendo-me amá-los, respeitá-los e honrá-los como são, sem exigências de troca, pois o amor mais puro me resgatou.

Rosaria Champagne, em sua obra *Pensamentos secretos de uma convertida improvável* (2017), descreve sua conversão como um descarrilamento, uma reviravolta radical que redefine todo o curso de sua vida. Assim como ela, experimentei o impacto devastador do amor incondicional de Deus, que desfez todas as amarras do passado e me acolheu em Seus braços de graça e amor. Ele jogou fora todas as oportunidades de me vitimizar, perdoei-me por todas as vezes que O culpei por uma vida "difícil". Ele me desarmou, Ele me amou. Escrevo estas linhas com lágrimas nos olhos, com a presença dEle aqui me abraçando. Ele me diz, dia após dia, "Eu lhe gerei em Meu coração antes da fundação do mundo. Você não é um erro, não é bastarda, você é minha filha amada, gerada em Meu coração". Eu não pude mais resistir a esse amor.

Ele me revelou minha verdadeira identidade como filha amada, gerada em Seu coração antes da fundação do mundo. E diante desse amor, abandonei minhas velhas máscaras, entreguei-me completamente, para beber de Sua água, que jorra do coração do Pai, que me faz ser um manancial enquanto espero a Sua volta. À medida que mergulho em Seus braços, e Sua Palavra, Ele me expande, para que eu seja cheia dEle, do perfume dEle, da presença dEle, esse amor que abraça, que cura, que liberta, que flui rios de água viva, águas que nutrem o olhar, águas que me dão vida.

Sei que pode ser assustador olhar para dentro de nós e encararmos aquilo que nos machuca, mas é necessário para que sejamos curadas, e só assim avançarmos em maturidade e crescimento. Imagine que suas dores são como nuvens escuras que pairam sobre você, enfrentá-las é como abrir uma janela e deixar a luz entrar. Lembra da parábola que está em Lucas (15:8-10)? Na parábola, uma mulher tem dez dracmas (uma moeda de prata) e perde uma delas. Ela acende uma lâmpada, varre a casa e procura cuidadosamente até encontrar a moeda perdida. Quando ela a encontra, fica muito feliz e chama suas amigas e vizinhas para compartilhar sua alegria. Não há como ser curada, sem que enfrentemos nossas dores, sem que a gente deixe a luz de Deus entrar, sem buscar sua Palavra, sem clamar por Ele até que nossa voz seja maior para adorá-lO do que para nos lamentar. Sim, pode doer no início, mas, é essa luz da verdade que vai dissipar as sombras e nos libertar. E não estamos sozinhas nessa jornada, em Mateus (28:20) você pode confirmar o que eu lhe escrevo, procure escrever estes versículos em um papel (João 1:12), leia-os até que toda incredulidade se converta em fé, diga para você: "Sou filha amada do Pai", e haja como filha dEle; Ele chama você para esse lugar de intimidade.

Renda-se a esse amor, aceite, permita que Ele transforme seu entendimento e lhe faça à Sua imagem, é isso que somos, a Sua imagem e semelhança, à medida que nos achegamos a Ele, Ele nos faz parecidas com Ele. É um processo de entrega e confiança, sabendo que Ele nos ama incondicionalmente. Ele deseja se revelar, mas precisamos nos mover em direção à Sua presença, até que Ele venha. Que possamos, juntas, trilhar este caminho de restauração e renovação, confiantes de que o mesmo Deus que nos chamou é fiel para completar a boa obra que começou em nós. Você não está sozinha, o Pai chama você para estar com Ele no secreto, e se precisar eu estarei ao seu lado, pronta para caminharmos juntas rumo à vida abundante que Ele nos prometeu.

REFERÊNCIAS

BÍBLIA Sagrada. João Ferreira de Almeida. Revista e atualizada no Brasil. 2. ed. São Paulo: Sociedade Bíblica do Brasil, 1993.

BUTTERFIELD, Rosaria Champagne. *Pensamentos secretos de uma convertida improvável*: a jornada de uma professora de língua inglesa ruma à fé cristã. Brasília: Monergismo, 2017.

"Assim como a pérola, formada na concha pelo suave atrito da areia, a dor me lapidou, revelando que fui gerada no coração de Deus."

Dayane Pina

Ednéia Gonçalves

Eu sou Ednéia Gonçalves, casada com Wanderlei há 28 anos, mãe de Bárbara e João Marcos, presentes de Deus para minha vida. Sou pastora da IBS, ministério que nasceu na sala de minha casa há 19 anos.

Formada em Teologia e Psicologia, tenho especialização em TCC e sou terapeuta no universo emocional feminino. Atuo como psicóloga clínica e palestrante. Sou idealizadora do projeto Despertando Leoas, cuja missão é fornecer ferramentas às mulheres, para se libertarem de cadeias espirituais e emocionais que as aprisionam, impedindo-as de viver seu propósito.

Em Jesus encontrei amor e direção. Sua Palavra trouxe luz aos lugares mais escuros da minha alma. A psicologia proporcionou-me conhecimento científico para tocar a alma, a mente humana e ser instrumento de autocura.

psi_edneia

+55 (11) 98205-0411

MULHERES COM UM CHAMADO

CHAMADAS PARA FLORESCER

9

Por Ednéia Gonçalves

Penso que a vida flui como as estações do ano e isso, para mim, é uma metáfora de beleza singular. Assim como as árvores vivenciam as diferentes estações ao longo do ano, nós também passamos por distintas fases e ciclos em nossa jornada chamada vida. Essas estações incluem momentos de crescimento exuberante, períodos de dormência e renovação, e também enfrentamos desafios e adversidades.

Em Salmos (1:3) vemos a comparação do homem justo como uma árvore plantada junto a ribeiros de águas, que dá o seu fruto no devido tempo e cujas folhas não murcham. Essa imagem ilustra a ideia de prosperidade, estabilidade e crescimento que vem da conexão com a fonte de vida.

Como as árvores, possuímos a capacidade de nos adaptar às mudanças de cada ciclo e florescer em meio a elas. Encontramos força, resiliência e renovação em cada etapa da vida. Assim como as árvores lançam suas folhas ao vento no outono, nós deixamos para trás o que não nos serve mais. Como elas, nutrimos nossas raízes profundas no inverno, preparando-nos para o renascimento que virá na primavera.

Na primavera, tudo está florescendo e se renovando. É um momento de crescimento e renascimento, quando podemos plantar sementes para o futuro e ver nossos esforços darem frutos. No verão, o calor nos envolve, e a vida está em plena atividade. É uma época de abundância e energia, quando podemos desfrutar plenamente das recompensas de nosso trabalho árduo. O outono traz consigo uma sensação de mudança. As folhas começam a cair, e é hora de deixar ir o que não nos serve mais. É uma época de reflexão e preparação para os desafios que virão. Finalmente, o inverno chega, com seu frio e escuridão. É um momento de quietude e introspecção, quando podemos nos recolher e nos preparar para o renascimento que virá com a próxima estação.

Assim, nossa própria vida passa por ciclos de mudança e transformação. Cada estação tem seu propósito e sua beleza, e é importante aceitar e abraçar cada uma delas.

Cresci como uma menina simples, na periferia de São Paulo. Uma fase marcada por escassez, dificuldades, limitações e desafios. Meus pais, oriundos da Bahia, tinham cinco filhos; eu era a segunda mais nova. Desde cedo, percebi que a vida não seria fácil. Meu pai, um homem trabalhador (hoje falecido), lutou contra o alcoolismo, enquanto minha mãe, uma mulher simples e trabalhadora, continua sendo o seu maior exemplo. Uma mulher extraordinária, que transmite amor com o olhar e serve como meu referencial de fé na prática. Ela me ensinava, por meio de seu exemplo, a não permitir que as experiências difíceis da vida nos tornem amargas.

Neste exato momento, um filme parece passar diante dos meus olhos, relembrando uma estação da minha vida: a infância. Não consigo conter as lágrimas. Passado e presente se encontram com uma rapidez que me faz pensar na frase: "O passado não reconhece o seu lugar, está sempre presente" (Mário Quintana).

Essas memórias evocam uma mistura de sentimentos, mas principalmente, gratidão por tudo que vivi e aprendi. A infância molda quem somos e deixa marcas indeléveis em nossas vidas. A menina cresce, casa-se e uma nova fase se estabelece. Assim como as estações do ano, a fase adulta convida-nos a enfrentar as mudanças com coragem, sabedoria e determinação, mas também expõe as feridas não curadas, cicatrizadas. Todas as dificuldades da infância e adolescência ressurgem.

Assim que me casei, tive um encontro que marcou e mudou toda a história da minha vida: o encontro com Jesus. Esse momento foi transformador, pois me trouxe uma nova perspectiva, um propósito e uma conexão profunda com Deus. A partir desse encontro, iniciei uma jornada de fé, buscando conhecer mais sobre Deus, Sua Palavra e o Seu propósito para mim. Essa decisão trouxe luz e esperança aos meus dias, que estavam nublados e estéreis. Eu me encontrava sem frutos e sem esperança, como uma árvore seca, sem folhas, flores ou frutos, apenas raízes e troncos, como se não houvesse a próxima estação à vista.

Jesus foi como um dia lindo de verão que brilhou em minha vida. Sua presença trouxe calor e luz aos meus dias, dissipando as densas nuvens e trouxe um novo sentido à minha vida, trouxe alegria e esperança.

Com certeza, você pode estar se identificando com a minha história. Muitas mulheres passam por jornadas semelhantes de superação, renovação e crescimento. Assim como a árvore que parece morta na estação do inverno, podemos florescer novamente, mesmo depois dos períodos mais difíceis. Essa capacidade de ressurgir e encontrar vida novamente.

Deus ministrou profundamente meu coração sobre tempos e estações.

Compreender e acolher os tempos e as estações da vida é fundamental para nosso crescimento e desenvolvimento pessoal. Como árvores que dão seus frutos na estação apropriada, passamos por fases de crescimento, florescimento, dormência e renovação.

Como em cada fase apresenta-se um desafio, passei por vários. Pensei que, ao entregar meu coração e vida a Jesus, tudo estaria resolvido. Mas me enganei. Tive conflitos existenciais e emocionais profundos em minha alma; ela foi exposta à luz e, com certeza, não gostei do que veio à tona. Uma alma ferida, cheia de complexos e sentimentos de rejeição inundavam minha mente e coração.

Foi necessário romper com ciclos dolorosos e ressignificar o passado; é um passo corajoso em direção ao crescimento e à cura. Ao reconhecer e enfrentar minhas dores do passado, permiti que o processo de cura começasse. Aceitar e aprender com essas experiências é parte essencial do caminho de transformação. Ao abraçar cada oportunidade de crescimento que o Senhor nos proporciona, demonstramos nossa disposição de nos tornar a melhor versão de nós mesmas.

Com certeza, a jornada de cura tem início com a renovação da mente (Romanos 12:2). Para quebrar com ciclos emocionais adoecidos e abrir espaço para o novo de Deus, pois nossos pensamentos influenciam toda a nossa vida e comportamento, mesmo que não tenhamos consciência disso. Por isso, passar por um processo de autoconhecimento e autocura é transformador. Ao fazê-lo, podemos construir uma base sólida e saudável para experimentar a próxima estação. É possível transformar a dor em crescimento e renovação.

Nossa dor nos abaliza para sermos canal de cura. Onde fomos feridas, também podemos ser usadas para curar. Uma alma ferida não tem recursos para viver seu chamado e propósito plenamente. A verdade sobre nós mesmas é o primeiro passo para a libertação emocional e o desenvolvimento pessoal. Reconhecer a verdade, em todas as áreas de nossa vida, é fundamental para promover mudanças significativas. Quando enfrentamos a realidade de quem somos, nossas circunstâncias e nossas emoções, podemos tomar decisões mais conscientes e alinhadas com nossos valores e objetivos. Isso nos permite crescer, superar desafios e desenvolver relacionamentos mais autênticos e saudáveis. A verdade capacita-nos a viver com integridade e plenitude, resgatando nossa essência.

Quando nos sentimos inaptas ou não preparadas para um chamado específico, é importante lembrar que Deus não escolhe os capacitados, mas capacita os escolhidos. Ele vê além das nossas limitações e entende o potencial que temos para cumprir Seu propósito.

Lidar com nossos temores e limitações pode ser um desafio imenso. Realmente, crescer dói, mas também nos fortalece e nos capacita para enfrentar os desafios da vida com mais coragem e sabedoria. Equilibrar a vida espiritual e emocional é de imensa importância, pois são como as duas asas de um pássaro, que o fazem voar com estabilidade e segurança. Se uma delas estiver enfraquecida ou desequilibrada, será difícil alçar voo. Da mesma forma, precisamos desse equilíbrio entre a dimensão espiritual e emocional para enfrentar os desafios do ministério, da família e de todos os lugares que transitamos na vida.

Compreendi que apenas mulheres curadas curam, que apenas as libertas libertam e vivem de forma orgânica, fluida e eficaz no cumprimento do chamado de Deus. É impossível uma alma ferida voar alto. A alma ferida fica ancorada, paralisada e presa às suas próprias emoções e dores e por não compreender esta realidade fiquei paralisada, sem recursos para avançar e crescer.

À medida que permitimos que Deus trabalhe em nós, somos capacitadas a voar mais alto, a viver de forma mais orgânica e fluida, cumprindo assim o chamado que Ele nos confiou.

O texto de João (8:32): "Conhecereis a verdade, e a verdade vos libertará" ressalta a importância do conhecimento da verdade para alcançar a libertação. Essa compreensão nos permite romper com padrões disfuncionais e buscar caminhos para uma vida mais equilibrada e saudável. A verdade sobre nós é o primeiro passo para a libertação emocional e o desenvolvimento pessoal.

A cada estação da vida, temos a divina oportunidade de crescer, renovar e aprender. Não precisamos ficar fixadas em nenhuma estação ou fase da nossa história, pois elas são passageiras e fazem parte de um ciclo contínuo de transformação. Respeite seu tempo e permita-se florescer a cada nova estação.

Deixar ir é uma escolha muito difícil, mas necessária. Deixar ir pessoas, relacionamentos, dores, traumas, e liberar perdão, pois assim encontraremos paz, liberdade e propósito.

A menina do começo desta narrativa passou por processos dolorosos e difíceis, mas também de superação e conquistas. Como uma lagarta que se transforma em borboleta, rompi com o casulo que me prendia em uma história de dores, gerando sentimentos de inadequação e de inferioridade que se arrastaram por longos anos e influenciaram negativamente meus relacionamentos. Encontrei, na fé, força, esperança e sabedoria. Na Psicologia, conhecimento e ferramentas para compreender e curar minhas dores e feridas emocionais.

Houve dias frios que doeram a alma e dias quentes que aqueceram o coração. Vivenciei a falta de frutos, as folhas caindo como nos dias de outono e a sensação de vazio e falta de sentido. Mas a primavera sempre chega, trazendo as folhas e os frutos novamente. É o tempo de florescer.

Não será diferente com você que lê este livro. Fomos chamadas para florescer a cada estação, porque há beleza em cada uma delas. Nosso desafio é acreditar, cultivar a fé e a esperança na próxima estação, pois ela certamente chegará.

Entendo quando Sara, visitada por um anjo, riu ao ser avisada que seria mãe em plena velhice. Há promessas de Deus liberadas que parecem impossíveis para mulheres comuns, e até improváveis, como eu e você.

REFERÊNCIAS

BÍBLIA Sagrada. Bíblia King James atualizada. BV Books: Niterói, 2015.

PENSAMENTOS de Mário Quintana. *Pensador*, [*S.l.*], 2024. Disponível em: https://www.pensador.com/pensamentos_de_mario_quintana/. Acesso em: 25 jun. 2024.

> *"Vivenciar falta de frutos e folhas não significa morte, mas indica que a próxima estação chegará e trará consigo flores e frutos."*

Ednéia Gonçalves

Elisângela Palmeira Silva

Eu sou Elisângela Palmeira J. Silva, natural de Salvador/BA. Filha de José Carlos e Silvia Palmeira, sou casada com Alison Alan Silva, mãe de Érick, Maria Eduarda, Sarah e Zoe. Sou pastora, advogada, empresária, escritora, palestrante cristã, mentora de mulheres.

Autora do livro Refaça a rota, coautora do livro Mulheres vocacionadas, e de Mulheres bíblicas, pela editora Autor da Fé; obras literárias que têm impactado a vida de diversas mulheres por meio da Palavra de Deus, da operação do Espírito Santo. Minha missão, além de pregar a Palavra de Deus, é despertar um exército de mulheres posicionadas pela fé. Meu lema é: "Não é o que acontece, e sim como você lida".

elisangelapalmeira

Elisangela Palmeira

elisangelapalmeira.js@gmail.com

elisangelapalmeira

MULHERES COM UM CHAMADO

MULHERES COM CHAMADO SÃO CHAMADAS PARA ROMPER... 10

Por Elisângela Palmeira Silva

Vivemos numa era em que muito se fala pela busca do real propósito da vida. Desejosas por viver o chamado que Deus desenhou para as nossas vidas, saímos e entramos em conferências, propósitos de oração e outras coisas além, e isso de fato é algo importante, mas ao mergulharmos na busca pela vontade plena de Deus para nós, percebemos no decorrer do caminho que o chamado a chama!

A Bíblia retrata exatamente isso. Quando lemos os relatos bíblicos dos homens e mulheres que foram usados por Deus e que deixaram um lindo legado para nos espelharmos, fica evidenciado que, de fato, o chamado "nos chama".

O profeta Jeremias, ainda menino, recebeu de Deus a revelação de quem era e do chamado que carregava, em Jeremias (1:5), Deus diz: "Antes de formá-lo no ventre eu o escolhi; antes de você nascer, eu o separei, e o designei profeta às nações". Mesmo diante da grandiosa revelação do seu chamado, Jeremias passou por desafios e teve que os superar, rompendo com as cordas que o prendiam, pois de fato, o chamado nos chama, e para vivê-lo é preciso romper.

O chamado de Jeremias o encontrou ainda menino, mas no percurso do caminho as dores, traumas, medos, insegurança e descrédito fizeram com que o profeta questionasse e por algumas vezes até chegasse a desejar parar, mas o que Deus tinha desenhado para Jeremias era maior e mais intenso que qualquer dor ou dúvida que afligia sua alma.

A Bíblia relata o desabafo do profeta, em Jeremias (20:9): "Mas, se eu digo: "Não o mencionarei nem mais falarei em seu nome", é como se um fogo ardesse no meu coração, retido nos meus ossos. Estou exausto tentando contê-lo; não posso mais". A chama que ardia em seu coração era maior e mais intensa que qualquer dor que o afligia, por isso Jeremias precisou romper. Assim como aconteceu na vida de Jeremias, permanece acontecendo atualmente, e vem afligindo a vida dos escolhidos de Deus. O fato de esta mensagem ter chegado até as suas mãos comprova que você é uma escolhida de Deus. E a mensagem que ecoa em meu coração é: mulheres com chamado são chamadas para romper.

Rompendo com a inércia e se posicionando

Em Números (27:1-11), há um relato da história de cinco mulheres que precisaram romper com a barreira dos costumes, leis, e com suas dores internas e anseios de suas almas, para preservar suas vidas e sua descendência. O nome dessas mulheres são: Maalá, Noa, Hogla, Milca e Tirza.

Numa época em que as mulheres não tinham voz e nem vez, cinco mulheres destemidas e cheias de fé decidiram romper com o silêncio e se posicionaram em prol de suas vidas e de sua posteridade. Com humildade, fé e sabedoria, essas mulheres romperam com o silêncio que as amordaçaram e mudaram os costumes daquela época, inserindo as mulheres no rol de sucessão hereditária, um feito que impactou a nação de Israel.

A verdade é que nada muda, se nós não tivermos coragem, fé e ousadia para mudar, ainda que para isso, seja preciso romper com as cordas que nos prendem. Ao ler esse relato, fico imaginando o fim que aquelas mulheres teriam se tivessem aceitado de braços cruzados o seu fim. O posicionamento que tomamos ou aquele que deixamos de tomar, quer seja por comodismo, medo, ou falta de fé, irá impactar nas gerações futuras e não apenas em nossa própria geração.

As filhas de Zelofeade romperam com a dor do luto e, mesmo diante de sua perda, entenderam que a responsabilidade que estava sobre elas era maior que qualquer dor e cultura da época, afinal de contas toda a sua descendência seria impactada.

O pai dessas mulheres havia morrido e não deixou filho (sexo masculino), mas essas mulheres comprometidas com o seu chamado perceberam que, se nada acontecesse, o nome do seu pai seria excluído na hora de entregar as terras. Essas mulheres não agiram pensando em seus interesses próprios apenas. Elas pensaram nas consequências e no propósito de suas existências, afinal, elas eram as únicas da descendência do seu pai, fizeram algo extraordinário que nunca havia sido feito antes, em humildade elas romperam seus medos e se posicionaram com sabedoria e fé.

A grande verdade é que muitos desejam a glória da vitória, mas poucos estão de fato dispostos a lutarem para conquistá-la.

Neste tempo, assim como na época de Moisés, Deus está em busca de pessoas dispostas a colocarem seus medos e anseios de lado para romperem em prol das próximas gerações, e a pergunta é: pode ser você? Essas mulheres levaram a questão às autoridades, e Moisés levou a causa a Deus. Com justiça, Deus modificou as leis terrenas para que essas mulheres, que antes eram indignas, tornassem-se dignas da herança e com isso toda a sua descendência não foi extinta.

Diante da maior dor, o propósito dessas mulheres foi evidenciado. Elas eram as únicas que podiam manter vivo o nome do seu pai e assim preservar sua genealogia. Em tempos de dor, propósitos nascem!

Assim como na vida daquelas mulheres, em tempos de dores, propósitos são gerados, caracteres são forjados e chamados ficam evidenciados. Lembro com clareza do meu despertar espiritual, em 2018, sem ao menos desconfiar que Deus estava gerando o chamado em mim. Lembro-me de sentir uma agonia na alma que nada aplacava, por vezes, compartilhei com meu marido que Deus queria algo mais de mim, mas que eu não sabia o que era, pois não entendia o que, e como seria. Mas não precisamos entender, e sim confiar!

Lembro-me de não entender esse convite para mergulhar mais nEle e buscar a Sua Presença, por achar que já estava entregando o meu melhor, mas eu decidi romper para viver o chamado de Deus, e mergulhei nas Escrituras, jejuns e orações, até que o Senhor revelou o Seu chamado para mim. Em tempos de dor, propósitos nascem.

Assim, como as dores do parto, que precedem o nascimento do maior de todos os amores que uma mulher pode desfrutar aqui na terra, da mesma forma, as dores da jornada precedem o nascimento do chamado de Deus em nossas vidas. Se você tem vivido dias difíceis, prepare-se para trazer para fora, aquilo que Deus está gerando em seu interior. Gerar dói, mas essa dor é necessária.

A dor que eu sentia gerou em meu coração o projeto Mulheres de Fé, que só passou a existir anos após ter sido gerado. Mas, é claro que esse chamado só foi gerado pelos processos de dores vivenciados na caminhada de fé, cada processo contribuiu para forjar o meu caráter e deu-me estrutura para receber aquilo que Deus havia me criado para viver.

A dor do luto de enterrar um filho, buscar respostas e não as achar, a dor da orfandade espiritual, a dor de não ter tido um pai presente, a dor das consequências de ter sido uma jovem desobediente, todas elas fortaleceram a minha fé para a inserção do chamado de Deus em minha vida.

Como diz em Romanos (8:28): "Sabemos que todas as coisas cooperam para o bem daqueles que amam a Deus e que são chamados segundo o seu propósito".

Perceba que até aquilo que nos causa dor, na verdade, é preparação para a nossa inserção nos propósitos que Deus desenhou. Quando entendemos essa verdade, não ficamos prostradas em ofensas ou disputas desnecessárias. É nítido que, sem a dor da orfandade, as filhas de Zelofeade jamais teriam rompido ao passo de modificar a cultura e as leis da sua época. Ei, mulher, a sua dor aponta para o chamado de Deus em sua vida!

As dores, marcas e batalhas que travamos são as ferramentas que nos ajudarão a cumprir o propósito. Lembro-me da dor quando meu filho recebeu o diagnóstico de câncer, foram seis meses de tratamento intensivo em meu filho de apenas nove anos de idade. Eu acreditei que eu não iria suportar, mas a verdade é que todo aquele cenário forjou o meu caráter e a minha personalidade, e trouxe sentido para minha vida e me fez enxergar o mundo com mais misericórdia.

Acredite, todo cenário, por mais desfavorável que pareça, vai ajudar você a viver tudo aquilo que Deus desenhou para você. E o que falar do nosso maior exemplo de uma vida com propósito? O nosso Senhor Jesus! Se Jesus Cristo, o nosso maior exemplo de uma vida com propósito, não fosse rejeitado pelos judeus, nós, os indignos, não o teríamos conhecido.

Jesus rompeu com as cordas da dúvida, dos costumes, da rejeição, das pressões, prisões, dogmas, "clero" e com as cordas do inferno para que, enfim, nós tivéssemos acesso à salvação. Esse foi o seu chamado: resgatar a humanidade das trevas e nos reconciliar com Deus. Perceba que a dor da rejeição conduziu Jesus para o propósito de nos inserir de volta ao acesso ao Pai Celestial.

Aquilo que por vezes pensamos ser o fim, na verdade pode ser o início de um lindo e duradouro chamado. Jesus não parou pelas críticas ou muito menos pelos aplausos, pelo contrário, em Lucas (5:16) vemos que: "Jesus, porém, retirava-se para os lugares solitários e orava".

Precisamos ser compromissados com o chamado de Deus a tal ponto de rompermos com a vaidade dos aplausos ou o medo da rejeição que vem das críticas, assim como Cristo rompeu. Não é, e nunca será sobre holofotes, aplausos ou lugares de destaque. É tudo sobre a missão e o propósito que nos foi confiado.

Isaías descreve o Messias como alguém desprezado, rejeitado, homem de dores que viveu para romper com todo e qualquer rótulo sobre si, alguém de fato comprometido com a missão a que o Pai o designou, e como consequência disso lemos em Apocalipse (1:18) Jesus se revelando glorificado para João: "Sou aquele que vive. Estive morto, mas agora estou vivo para todo o sempre! E tenho as chaves da morte e do hades". Jesus rompeu e venceu e nós também romperemos e venceremos.

Ele rompeu e recebeu as chaves da morte, do hades e tem a chave da vida eterna. Assim como Cristo, todos os escolhidos precisaram romper. Pense por um momento em si mesma, com a clareza do propósito que Deus desenhou para sua vida e a convicção que as gerações que virão serão impactadas, por sua vida, quais atitudes você decide tomar para viver o romper de Deus?

Deus escolheu você, e nada e nem ninguém será capaz de impedir você de viver o chamado de Deus, quando você decidir romper. Gere no secreto, e deixe que Deus revele ao mundo!

REFERÊNCIA

BÍBLIA Sagrada. Nova versão internacional. International Bible Society, 2000.

"Em tempos de dor, propósitos nascem!"

Elisângela Palmeira Silva

Elisete Oliveira

Eu sou Elisete Oliveira, nasci em Santarém/PA, sou casada há 27 anos com Elvis Oliveira e temos dois filhos, Elisa e Elvis Júnior. Servimos por anos como parte da equipe pastoral da Paz Church, de Santarém e, em 2004, fomos enviados para Fortaleza/ /CE, onde moramos por seis anos; depois fomos enviados a Sorocaba/ /SP, onde servimos como pastores titulares por 14 anos, cooperando na fundação de várias igrejas dentro do Estado. Mentoreamos inúmeros líderes e ministérios na área de discipulado e liderança.

Sou líder de louvor, compositora e tenho um CD que foi premiado com o Troféu de Ouro da Música Gospel. Já palestrei em várias conferências para mulheres. Nessa trajetória, precisei escolher obedecer para viver os planos elevados de Deus.

praelisete oliveira

pra.elisetegomesoliveira@gmail.com

MULHERES COM UM CHAMADO

O DESCONFORTO NA JORNADA DO SEU CHAMADO

11

Por Elisete Oliveira

Como está seu coração em relação ao seu chamado? Está tudo fluindo em sua zona de conforto? Ou, neste momento de sua jornada, você se sente desconfortável? Sua mente e coração questionam os porquês? Talvez você venha tentando entender: já abriu sua mochila de conhecimento e revendo tudo que você crê, e até mesmo já ensinou, motivando outros, ainda assim procura respostas?

Quero lhe dizer que ciclos iniciam e se fecham. Porém, existem riquezas que só extraímos de um tempo de desconforto na jornada do nosso chamado e, após tempos assim, nosso nível de fé e obediência são forjados, nossas convicções tornam-se mais sólidas. Se nossa escolha for crescer, não apenas daremos testemunhos, mas seremos prova viva de que é no desconforto que nascem as mais preciosas pérolas em nossa jornada. Se olharmos a Palavra de Deus, teremos uma visão panorâmica de homens e mulheres que passaram por tempos de desconfortos, porém, não desistiram, venceram e alcançaram o propósito eterno de Deus.

Por que o desconforto?

Você saiu da rota? Quantos de nós já não refizemos uma rota porque tomamos decisões sem ter de fato ouvido a voz de Deus? Decisões precipitadas para fugir de um problema, de um desconforto, e acabamos intensificando nossas dores. Se olharmos para o livro de Jonas, um profeta que escolheu fugir do centro da vontade de Deus e da Sua voz, vê que sua decisão trouxe danos a si mesmo e aos outros. Mas quero encorajá-la: talvez você esteja fugindo de seu chamado, fugindo do centro da vontade de Deus, mas Aquele que lhe chamou não desistiu de você e Ele vai mover circunstâncias para levar você de volta à rota certa. Chega de fugir!

Este é o momento de você parar, render-se à voz dEle, pedir perdão, pedir que Ele refaça o seu trajeto e coloque você, outra vez, no centro de Sua perfeita vontade. Creia que, assim como Deus ouviu a voz de Jonas no desconforto de um profundo oceano, e assim fez com que as circunstâncias se movessem a favor de Jonas, o Senhor Deus intervirá por você. Seu grande amor irá redirecioná-la. Acalme o seu coração e confie. Agora mesmo, você pode escolher continuar fugindo e viver uma vida comum e medíocre ou obedecer a voz do Senhor e viver o extraordinário.

Frutos gerados no desconforto

Em Isaías (53:11) – "Ele verá o fruto do seu penoso trabalho", vemos o desconforto de Cristo. Mesmo na condição de um filho obediente, Suas dores trouxeram-Lhe frutos eternos, e não apenas para Si, mas para todos que creem nEle. Lembre-se de que obedecer também dói, porém é melhor um breve desconforto, mas em obediência, no lugar certo, no tempo certo e fazendo aquilo que fomos chamados para fazer, do que fora do propósito, do chamado. Por exemplo, em 2 Samuel (11:1-12), podemos ver que o rei Davi, no conforto de seu palácio, cometeu o mais terrível de seus pecados. Isso porque naquele tempo, a graça e o favor de Deus estavam sobre ele para que estivesse no meio do desconforto da guerra, cumprindo seu papel naquele momento. Precisamos entender que, por mais difíceis que sejam nossos momentos, o Senhor nos dará graça, favor e capacitação para aquele tempo. São em momentos assim que Deus faz nascer algo novo, algo valioso em nossas vidas.

Outro exemplo: o rei Davi é considerado um homem segundo o coração de Deus. Davi extraiu muitas lições de seus momentos de desconforto: quando fugia (Salmos 3), ao se esconder nas cavernas (Salmos 142), nas traições (Salmos 55), nas humilhações (Salmos 34), nos tempos em que foi esquecido pela própria família (Salmos 78:70). Enfim, não foi no conforto do palácio que ele aprendeu o que precisava, e sim durante os tempos de dores da jornada de seu chamado. Foram nesses momentos de dor e provação que nasceram seus mais lindos poemas, suas mais inspiradoras canções, livros e testemunhos que abençoam e marcam até hoje as nossas gerações. Então, pergunto a você: o que você tem feito com suas dores e desertos? Permita que Deus faça nascer algo novo e belo. Em Isaías (66:9), encontramos a seguinte mensagem: "Ele não nos permitirá passar por dores se não for para nascer algo novo".

Há alegria mesmo em tempos assim?

Sim! Posso afirmar que há alegria, há esperança em tempos de desconforto. No livro de Hebreus (12:2-3), há uma passagem que diz: "Tendo os olhos fitos em Jesus, autor e consumador de nossa fé. Ele, pela alegria que lhe fora proposta, suportou a cruz, ao desprezar a vergonha, e assentou-se à direita do trono de Deus". Agora pense bem sobre Aquele que suportou tal oposição dos pecadores contra si mesmo, para que você não se canse e nem desanime. No maior desconforto do chamado de Cristo, no auge de sua dor, encontrou motivos para se alegrar. Ele olhou após a cruz e enxergou a próxima cena: a alegria de voltar para o Pai, de salvar e comprar filhos e filhas para o Pai, a alegria de nos dar uma vida abundante.

Permita, agora, que o amado Espírito Santo coloque em seu coração motivos para se alegrar. Pelos olhos da fé, veja a próxima cena de sua jornada, será incrível! Eu lhe afirmo que nosso Deus, o Deus da esperança (Romanos 15:13) a encherá de gozo e paz. Você vai transbordar de esperança e vai voltar a sorrir. Mude a canção e verá que esse tempo de desconforto lhe trará muito crescimento.

Aprendendo a obedecer no desconforto

Quero compartilhar uma de minhas experiências da minha jornada. Em 2005, eu, meu esposo e minha filha, com dois anos, fomos enviados para o campo missionário em Fortaleza. Eu, particularmente, não queria ir, mas sei e creio que minha missão está dentro da missão de meu esposo. Mesmo sabendo disso, havia inquietação no meu coração. Eu não verbalizava, mas por dentro estava chorando, passando por dias difíceis de adaptação. Pelo fato de não conseguirmos uma casa para morar, gastamos basicamente a maioria do valor que tínhamos em uma pousada bem simples. Quando conseguimos a casa, ficamos duas semanas sem energia e sem água, dormindo em um colchonete fino no chão e chegamos a fazer apenas uma refeição diária. Ao passar por isso vinham muitos questionamentos dentro de mim, muitos porquês sem respostas. E eu pensava: "Eu não escolhi estar aqui". Passados alguns dias, tive um sonho no qual Deus falou comigo. No sonho eu era criança, estava triste, chateada e agitada andando de um lado para outro, inconformada. A certa distância, eu via o Senhor e alguns homens de Deus. Um deles era o que me fez repetir a oração de entrega quando eu tinha dezessete anos. Eles conversavam por muito tempo, e eu pensava: "Por que ninguém está vendo o que estou passando? Por que estão demorando tanto para olharem para mim? Nem mesmo o Senhor está me olhando?". E eu continuava a chorar e, inquieta, andava de um lado para o outro. De repente, parei e calei meu coração.

Percebi que, quando parei, o Senhor veio em minha direção com passos calmos, no seu tempo. Enquanto Ele vinha, eu ainda chorava muito e estava tentando criar argumentos para lhe falar sobre o meu desconforto, dores, descontentamento. Quando ele chegou bem perto, levantou meu rosto e me fez olhar dentro de seus olhos e me perguntou: "Filhinha, o que eu faço para fazê-la feliz?". Quando olhei em seus olhos, todos meus questionamentos, dores, necessidades, porquês, esvaíram-se, tornando-se tão insignificantes. Mas ainda havia dentro de mim uma batalha para falar quais eram minhas vontades; e ao abrir meus lábios, minha resposta, que saiu do íntimo de meu coração e da minha alma, foi: "Eu quero fazer a Tua vontade!". Então, Ele me carregou no colo, recostou-me em seu peito e começou a me balançar, da mesma maneira que eu fazia com minha filha quando ela precisava dormir e não queria. Então, acalmei-me e dormi, mas ao mesmo tempo vi que, próximo de onde estávamos, havia uma pequena cova no chão. Então, Ele me colocou nessa cova.

Em seguida acordei deste sonho e com meus olhos cheios de lágrimas perguntei: "O que significa isso, Senhor?". Ele me disse, audivelmente: "Filha, para fazer Minha vontade, neste tempo, você precisará morrer para a sua vontade. E minha resposta foi: "Eis-me aqui, Senhor!".

Quão difícil é morrer para nós mesmos, para nossas vontades, nossos planos e nossos sonhos. Somos tentados a não crer que os sonhos e os planos de Deus serão tão bons quanto os nossos. Porém, carrego comigo um lema e declaro a mim mesma, quando minha fé parece insuficiente: "Aonde minha fé não alcança, minha obediência irá me levar". Eu escolhi obedecer, e afirmo que mesmo no caminho da obediência há desertos. O que fazer nos desertos? Extraia deles o máximo de riquezas para seu próximo ciclo. Quando concluímos ali nossa missão, colhemos muitos frutos e muitas vidas são alcançadas. Nesse tempo, nasceu o nosso segundo filho, e nasceu um livro do meu esposo: *Discipulado fácil*, que se tornou um *best-seller*, chegando a todo o Brasil e no exterior.

No desconforto nascem sonhos

Em julho de 2023, meu esposo, eu e nosso filho, fomos enviados a Santarém/PA para cumprirmos uma missão e para um propósito. Nossas vidas e futuro pertencem ao Senhor e ao Seu chamado. Somos peregrinos nessa terra. Mesmo sendo minha terra natal, recomeços nunca são fáceis: readaptação com clima, cultura, área financeira, parecia tudo novo e desafiador. Passei por um longo período de batalha na saúde física, ao ponto de sentir minha alma se abater. Foi um processo de nove meses, com muitas noites de choro, muitas conversas e canções de lamentos no secreto. Às vezes, sentia-me só e ouvia o Senhor dizer: "Oi, filha, estou aqui!" Em uma de nossas conversas perguntei: "Senhor, por que me permites passar por tanto desconforto?". E me veio Isaías (66:9). Também senti, claramente, Ele me dizer: "Basta! Mude hoje a sua canção de lamento, sua canção será de esperança e Eu já ouvi sua oração". Isso foi exatamente no 9º mês, tempo de uma gestação, tempo de gerar e dar à luz a um filho. Poucos dias depois recebi uma mensagem com a proposta de fazer parte deste projeto, *Mulheres com um chamado*. Naquela conversa ouvi o Senhor sussurrar: "Fale sobre o desconforto na jornada do chamado". E aqui estou para dizer a você que sim, Deus realiza sonhos no meio do desconforto. Ele não desperdiça nada e pode usar até mesmo nossas dores, lágrimas e desconfortos para a Sua glória.

REFERÊNCIAS

BÍBLIA Sagrada. João Ferreira de Almeida. Revista e atualizada no Brasil. 3. ed. São Paulo: Sociedade Bíblica do Brasil, 2017.

*"Aonde minha fé não alcança,
minha obediência irá me levar."*

Elisete Oliveira

Fabiola Lacerda

Eu nasci em Itabuna/BA, mudei-me para Salvador/BA aos 17 anos, casei-me com o amor da minha vida, Marcelo, e temos dois filhos, o Marcelinho e o Levi. Meu chamado é ativar mulheres para que vivam seu propósito e exerçam a sua influência nessa geração. Todas nós temos uma mensagem para entregar e o começo de tudo é sempre o resgate da nossa essência, pois o propósito habita na identidade curada.

Eu sou mentora de mulheres, especialista comportamental, escritora e palestrante, mas as minhas maiores credenciais são os meus processos vencidos, são eles que me dão autoridade para ajudar tantas mulheres. Também sou Idealizadora da Escola de Mentoras, com embaixadoras em cinco países.

fabiolalacerdaoficial

escoladementoras

+55 (11) 93315-6018

CHAMADA PARA INFLUENCIAR

12

Por Fabiola Lacerda

Eu sou a terceira filha de um pai vendedor e de uma professora de português, cresci no interior da Bahia, com meus três irmãos. Se eu for descrever meu perfil, eu diria que sempre fui a estudiosa, criativa, servidora e amiga. Eu era a menina boazinha que queria agradar a todos. Uau, como isso parece ser bom. Mas não é tão simples assim, um dia a conta chega. Era uma eterna e sufocante sensação de que eu precisava corresponder à expectativa das pessoas, e dia após dia, sem me dar conta, eu fui enterrando a minha verdadeira essência.

Compartilhei isso para que possamos compreender o que tem por trás de nossa necessidade de aprovação. Não há nada de errado em querer agradar quem amamos, o problema é quando essa balança se torna desproporcional e passamos a trocar a nossa autenticidade por um prato de validação.

A terapeuta americana Vienna Pharaon afirma em seu livro *Curando suas feridas de origem*: "Você foi programado para o afeto, porque o afeto é necessário para sua sobrevivência. E porque a sua necessidade de ser amado, desejado, escolhido, protegido e priorizado, supera todo resto" (Pharaon, 2023).

Esse "todo o resto", ao qual ela se refere, é literal. Nós priorizamos ser aceitos em detrimento de nossa própria autenticidade. Autenticidade e aceitação caminham juntas no topo da pirâmide das nossas necessidades emocionais, mas quando a autenticidade afeta a aceitação, de forma inconsciente decidimos pela aceitação.

Em determinado momento da vida, fica pesado demais não sermos quem nascemos para ser. Sentimos como se existisse uma eterna briga entre quem nos tornamos e quem realmente somos. Nossa identidade original grita para ser vivida em sua inteireza e plenitude, enquanto o medo da rejeição nos leva a estagnação.

Tive uma mentoreada que é uma mulher linda e bem-sucedida profissionalmente, mas totalmente desconectada da sua verdadeira identidade. Medo, ansiedade, frustração, vontade de "largar tudo" eram, na verdade, um apelo da sua alma em se despir desse falso eu que ela havia construído. A autenticidade estava começando a requerer seu lugar. E, por meio de ferramentas poderosas de autoconhecimento pude adentrar, junto a ela, em lugares muito escuros da sua história, que precisavam ser visitados para que a cura chegasse. Muitas vezes vai doer como nunca, para que não doa nunca mais.

É assim que funciona, e eu sei que não é um processo fácil, também já passei por ele. Temos vontade de desistir e de voltar atrás. Afinal, eu vivi assim até aqui, para que começar a mexer nisso agora? Sair do conforto pode ser muito doloroso. Mas é o único caminho para a cura. Mas será que todos nós precisamos passar por um processo de cura? Sou mentora de mulheres desde 2019, e a cura emocional faz parte do meu repertório diário, mas algumas vezes eu já parei para me perguntar se realmente é necessário viver esse processo, ou se eu creio nisso somente pelo fato de trabalhar nessa área. E a resposta eu encontrei na Bíblia.

Em Romanos (12:2) diz: "Não se amoldem ao padrão deste mundo, mas transformem-se pela renovação da sua mente, para que sejam capazes de experimentar e comprovar a boa, agradável e perfeita vontade de Deus".

Esse versículo é um convite para passarmos por um processo diário de renovação, de desintoxicação, de alinhamento de pensamentos. Tudo isso somente nos é possível por causa da promessa de redenção que Cristo nos permite viver.

Essa é a verdadeira metanoia, o único caminho capaz de transformar completamente nossa mente, nossos padrões mentais, nossa pré-disposição a herdar comportamentos, já comprovado por estudos da epigenética, que, de acordo com o site Summit Saúde (2022), é um campo de pesquisa da Biologia que investiga como os estímulos externos podem ativar ou silenciar determinados genes.

Logo, podemos concluir que sim, todos nós nascemos desconectados da nossa identidade plena, fruto da queda, mas podemos voltar ao início, como imagem e semelhança de Deus, descrito em Gênesis 1, e dessa forma, desfrutar de uma vida de plenitude e abundância, mesmo que passemos por aflições e situações adversas, porém, conscientes que em Cristo somos mais que vencedoras. Esse é um novo modelo mental, uma nova forma de viver, uma renovação. Mas existe uma questão importante: quando estamos começando a ter clareza de que precisamos nos movimentar e nos curar, muitas coisas nos serão requeridas, eu chamo isso de renúncia.

À medida que nos aproximamos do propósito de Deus para nossas vidas, menos poderemos levar. Algumas coisas vão ficando pelo caminho e como dói! Quantas pessoas, coisas, hábitos errados, vícios precisam ser deixados para trás e as lágrimas sendo derramadas como se a alma estivesse rasgando. Não tem volta. E esse é o ponto do romper. Ou seguimos adiante ou paralisamos diante das renúncias. Como mentora de mulheres há cinco anos, é aqui que vejo o maior número de desistências. Aqui vejo mulheres retrocederem, e inconscientemente, decidirem permanecer onde estão. Às vezes, é muito doloroso renunciar. Dói muito mudar padrões de comportamento já estabelecidos durante toda uma vida e isso requer obediência, constância e disciplina, três coisas que não estamos habituadas a fazer.

Fomos programadas a desistir dos nossos sonhos. Ninguém nos ensinou a vencer o medo da crítica e a perseverar, e somente na fase adulta nos damos conta de quantos sonhos colocamos na gaveta. Vamos abrindo mão da vida que nascemos para viver e, sem sentir, tornamo-nos mulheres frustradas. Até quando? Foi a pergunta "destravadora" que mudou a minha jornada. Durante um processo de *coaching* que vivenciei em 2018, minha mentora percebeu que eu estava me sabotando e prestes a desistir do processo. Eu não percebia o quanto de desculpas eu dava para ela, e para mim mesma, para não prosseguir com aquilo. Estava doendo reconhecer a mulher que eu havia me tornado e eu não queria mais viver aquele desconforto.

Muitas vezes nós nos apegamos a nossas doenças emocionais, porque de alguma forma, elas nos trazem um ganho. Uma mulher curada tem novas responsabilidades, ela não pode mais se vitimizar e ter suas carências preenchidas por migalhas, por relacionamentos tóxicos, por compulsões e vícios. É preciso abrir mão de tudo que nos paralisa. Existe um convite do céu para que tomemos posse do nosso lugar de influência e isso só depende de nós. É uma decisão. A sua influência pode ajudar muitas mulheres, precisamos fazer algo para além de nós. Não pare em você, não pare nas suas feridas, não pare no seu vitimismo camuflado de falsa humildade.

A sua influência é única, dada por Deus antes mesmo de você nascer. Lá em Mateus (5:16) diz: "Assim brilhe a luz de vocês diante dos homens, para que vejam as suas boas obras e glorifiquem ao Pai de vocês, que está nos céus". Todos nós temos uma luz que não pode ficar escondida, pois ela reflete Cristo. Sua mensagem é poderosa, por mais simples que ela seja, ela vai alcançar alguém. Sua cura traz cura, seus processos vencidos são doses de esperança.

Não acredite na mentira de que você não tem nada para dar a essa geração. Saia desse lugar que limita a sua visão, se necessário, mude de ambiente, mas floresça. Decida ser uma mulher influente e o Senhor entregará a você coisas novas, mas é necessário se posicionar de agora em diante, é vital ser autorresponsável e tomar novas decisões, mais conscientes e convictas de onde se quer chegar. É crucial buscar em Deus uma palavra de direção que será a impulsionadora nesse processo, para que, todas as vezes que você pensar em desistir (porque você vai), essa Palavra seja o fôlego de vida.

Você e eu temos uma missão neste mundo. Não estamos aqui por acaso, temos um destino traçado desde antes da fundação do mundo. A mesma palavra, que guiou Jeremias (1:5), é para nós: "Antes de formá-lo no ventre eu o escolhi. Antes de você nascer eu o separei e o designei profeta as nações". Essa é a promessa que deve nos guiar, e não as mentiras lançadas pelas trevas que tentam a todo momento nos roubar a certeza de que somos filhas escolhidas e amadas por Deus.

Somos mulheres chamadas para gerar uma geração que vai mudar o mundo. Nosso ventre é um ambiente profético. Nossos filhos precisam dos nossos joelhos dobrados, nosso marido necessita da nossa intercessão e cobertura espiritual e emocional. E como faremos isso estando doentes, frias, desanimadas, intimidadas e sem convicções claras sobre o nosso papel? A cura é urgente. Assuma a sua missão!

Essa é a guerra deste século, tirar os filhos de Deus das suas posições de influência, ou nós influenciamos ou seremos influenciadas, nossos filhos estão a todo momento consumindo informações e sendo moldados pelo ambiente, que é uma grande força na vida de todo ser humano. Embora títulos não sejam sinônimos de influência, Deus usa posições para refletir a Sua glória e nos permite ocupar lugares de destaque, para que a nossa presença reflita uma embaixadora de Cristo, como disse o apóstolo Paulo.

Ele promove. Ele dá o destaque. Nosso papel é ter o nosso coração alinhado ao do Pai, buscando sempre ouvir as direções específicas para a nossa influência ser exercida de acordo a vontade dEle. Pode ser que sua influência nesse momento seja em casa, na vida dos seus filhos e marido, ou pode ser que Deus a coloque em lugares de evidência. Mas eu sei que todas nós somos influentes e precisamos ativar essa influência, assumindo nossa missão nessa geração tão carente de mulheres posicionadas que estão dispostas a renunciar suas vontades para levar a mensagem da redenção.

Chegou a hora de tomar posse da sua influência. Quando Deus nos criou, Ele pensou em mulheres que estão dispostas a serem cooperadoras do Seu Reino aqui na terra. Mulheres que usarão seus dons, habilidades, temperamento e suas histórias de vida para ajudar na realização dos Seus propósitos. Vamos juntas nos posicionar, como disse Paulo a Timóteo (2 Timóteo 1:7): "Deus não nos deu espírito de covardia, mas de poder, de amor e de equilíbrio". Essa é a nossa essência. Não temos mais tempo a perder, levante-se e anda, a hora é agora!

REFERÊNCIA

BÍBLIA Sagrada. Bíblia de estudo NVI. Organizador geral Kennet Barker... [*et al*]. São Paulo: Vida, 2003.

EPIGENÉTICA: entenda como o corpo pode ativar e desativar genes. *Summit Saúde*, [*S.l.*], 7 abr. 2022. Disponível em: https://summitsaude.estadao.com.br/novos-medicos/epigenetica-entenda-como-o-corpo-pode-ativar-e-desativar-genes/. Acesso em: 25 jun. 2024.

PHARAON, Vienna. *Curando suas feridas de origem*. Trad. Michela Kortytowski. Rio de Janeiro: Sextante, 2023.

“Quando Deus nos criou, Ele pensou em mulheres que estão dispostas a serem cooperadoras do Seu Reino aqui na Terra.”

Fabiola Lacerda

Gerci Maria

Eu sou Gerci Maria do Amaral Silva, residente em Brasília/DF. Sou filha de Deus, casada com meu amado Edson Paulo há 30 anos, mãe de Pedro e Ana. Sou pastora, teóloga, pedagoga, pós-graduada em Aconselhamento Pastoral, Docência do Ensino Superior, Psicoterapia para casais e, em formação em Psicanálise Clínica.

Junto ao meu esposo, somos pastores auxiliares há três anos, líderes de célula, de Rede de Casais, ministrantes do curso para casais casados e também em curso para noivos, há mais de quinze anos.

Sou uma improvável que o Senhor escolheu levantar e que tem sustentado. Amo vidas e creio infinitamente no Deus Redentor. Descobri na Psicanálise, a ciência da alma, que o autoconhecimento nos liberta da prisão das crenças limitantes.

psi.gercimaria

gercimaria233@gmail.com

VOCÊ PODE ESCOLHER ACESSAR SUA MELHOR VERSÃO

13

Por Gerci Maria

Aos 51 anos, eu ainda era apenas uma garotinha que, junto à minha família, vinha da zona rural para a cidade grande, trazendo minha vida, e todos os nossos pertences, dentro de uma caixa de madeira, no bagageiro de um velho ônibus.

Querida leitora, acredito profundamente que o Senhor já cuidava de mim, mesmo antes de eu O conhecer. E, neste livro, desejo ofertar a Ele o meu coração grato por esta história, da qual hoje sou a coadjuvante.

Não posso deixar de me descrever como uma improvável. Nascida em uma família unida, porém muito pobre, viemos em busca de uma vida melhor na cidade grande. Cresci como a caçula de quatro irmãos, com roupas escassas e sapatos guardados somente para ocasiões especiais. Toda a nossa vida cabia em uma caixa de madeira, com a tampa amarrada com cordas e transportada em um ônibus interestadual.

Ao chegar, não encontramos facilidade, morando de favor, na casa de parentes. Meus pais trabalhavam incansavelmente para manter uma vida com o mínimo de dignidade. Desde bem cedo, eu e meus irmãos, começamos a trabalhar para contribuir com as despesas da casa.

Nesse ambiente de luta pela sobrevivência, minhas crenças foram formadas. Aprendi depressa a me defender da vida pelo que observava, ouvia e sentia, tornando-me uma criança arredia e confusa. Era introvertida, de poucas palavras e de choro fácil, vivia na defensiva. Aprendi cedo que vida não era fácil e sobreviver exigia esforço. Ter comida na mesa já era motivo de imensa alegria. Assim cresci, com poucas expectativas quanto a conquistas futuras, bastava-me sobreviver a cada dia.

E, dentro dessa realidade, eu inconscientemente aprendi a viver com o pouco, e a não aspirar mais do que me parecia possível. Minha mente estava cauterizada à escassez, minhas crenças eram limitantes. E nesse mapa de vida limitado, cheguei à vida adulta. Tornei-me intolerante, insensível, briguenta, via a vida como um ringue. Permaneci no lugar de defensiva, protegida por uma armadura, sem permitir que ninguém entrasse em meu mundo e conhecesse minhas fraquezas.

O trabalho tornou-se parte de mim. Não trabalhar era como não respirar. Com o tempo as circunstâncias mudaram, mas meu medo inconsciente de reviver as dificuldades do passado persistiu. Consegui concluir o Ensino Médio e casei-me aos 23 anos. Meu esposo Edson, já policial militar na época, meu amor, meu amigo e apoiador, nunca me impediu de buscar conhecimento. Tivemos nosso primeiro filho. Ele sempre me dizia para parar um pouco, desacelerar, ficar em casa e descansar. Suas palavras chegavam ao meu coração como tentativa de me anular, de me tirar de um lugar pelo qual lutei tanto para alcançar. Minha criança interior prevalecia sobre cada ação em minha "adultice".

Continuei trabalhando, insistindo no padrão imposto pelo meu passado. Pensava comigo mesma: "Não vou ficar em casa, eu não posso parar". Deixava meu filho com babás e seguia na minha verdade, convicta das minhas escolhas. Em 1998 nasceu nossa filha e, agora com dois filhos, a situação ficou um pouco mais desafiadora. Nesse período, com crises constantes no casamento, fruto de bagagens familiares e emocionais resultantes de nossas crenças limitantes, vivemos momentos delicados e complicados em nossa família, até que o caos se instaurou em meu casamento. E, diante da possibilidade de separação, vi-me em uma grande confusão mental. Era uma mistura de sentimentos que iam da frustração à culpa. Foi quando, nesse momento, Deus enviou pessoas para me falarem do Seu amor. Permiti que Jesus entrasse em minha vida. "Vinde a mim todos que estais cansados..." (Mateus 11:28). Experimentei esse lugar.

Em Seu imenso amor, Jesus acolheu-me, tratou comigo, iniciou um processo de restauração. Jesus repetia incansavelmente que eu era filha amada. Aprendi com Ele que tenho valor, a ser mais tolerante com pessoas, aprendi a perdoar outros e a me perdoar. Minha visão abriu-se. Caminhei só, por um período, todavia não demorou para meu esposo aceitar o desafio de fé de caminharmos juntos com Jesus. Finalmente, entendi que meu valor não estava ligado ao trabalho ou ao que fazia, percebi que minha casa e meus filhos precisavam de mim. O Senhor estava me libertando das gaiolas emocionais.

Parei de trabalhar, decidi ser a dona da minha casa, estar presente e cuidar do maior patrimônio que o Senhor já havia me dado: minha família. Claro que meu coração levou tempo para se adaptar à nova realidade. O processo nunca é simples, existem desafios pelo caminho. Houve dias cinzentos, dias de choro, mas a mão de Deus me sustentava. Entretanto, dia após dia eu aprendi a amar estar em minha casa, estar perto dos meus preciosos filhos, realizar tarefas domésticas com alegria e me preparar para receber meu esposo com honra, quando ele voltava do trabalho. Enfrentamos lutas desde crises financeiras e pessoais, até questões existenciais, todavia, naquele momento, sob uma nova perspectiva, decidi buscar conhecimento profissional.

Fiz Teologia e Pedagogia, somadas a várias especializações. Exerci, por um curto período de tempo, a função de professora de nível superior e até compramos uma creche. Porém, faltava-me confiança. Minhas crenças ainda me norteavam. Sempre acreditava que não estava preparada o suficiente e que não daria conta. Por anos, mantive meus diplomas guardados. Eu estava no processo. Enquanto isso, eu servia a Deus, agora ao lado do meu marido e filhos. Tive a alegria de compartilhar cada fase no crescimento deles até vê-los formados e casados. Deus continuou trabalhando em mim e por meio de mim.

Acredite leitora; tornei-me uma mulher feliz e realizada. Esposa, mãe, filha de Deus, agora pastora, sentia-me útil para o propósito de Deus. Descansei em Deus, e agora tinha dentro de mim contentamento por tanta graça recebida. Reconhecer que Deus me deu uma família sólida, com valores eternos, realmente, enchia-me e enche o meu coração de alegria. Entendi o significado de Salmos (62:5-8), que diz: "Descanso somente em Deus, confio nEle, e minha alma fica tranquila. Ele é a fonte da minha esperança! Somente Ele é a Rocha que me salva; Ele é meu protetor".

Todavia, as misericórdias do nosso Pai Celestial não têm fim. Há cerca de três anos, em um Café em Deus (oração de mulheres), ouvindo o testemunho inspirador de uma irmã e da minha Pra. Cida Duarte, de como Deus agiu também, em suas vidas profissionais, algo despertou dentro de mim. A amada falava da satisfação de colher resultados em sua carreira, e de não existir idade certa para isso. Pra. Cida testemunhava como ser psicóloga havia lhe ajudado na jornada como pastora e de como é gratificante estar no lugar em que Deus a chamou para estar.

Aquelas palavras ecoavam em mim e depois de alguns dias, em uma conversa com minha filha, uma mulher sábia e sensível, relatei que o Senhor havia reacendido no meu coração o desejo de contribuir para o Reino de Deus na área profissional. Contudo, sentia ser tarde demais. Estava ali com 51 anos. E uma das coisas que ela me disse foi: "Mãe, você só precisa começar! Existem várias versões suas no universo, escolha qual você quer ser". Acredite, naquele momento girou a chave! Conversamos um pouco sobre o assunto e, embora na hora não tenha compreendido bem o significavam aquelas "várias versões", minha curiosidade instigou-me a investigar.

Orei e pedi ao Céu entendimento, força e coragem para, mesmo na meia idade, embarcar nessa empreitada. Pedi que Ele empreendesse algo novo em mim. E, aqui estou eu, compartilhando com você algumas das versões que eu poderia ter me tornado, sobre a perspectiva *coach*, psicanalítica e bíblica:

1. Viver segundo as minhas crenças, formadas na infância, o que resultaria em uma mulher frustrada, escrava do trabalho, vivendo na pobreza e sem dignidade financeira; ou

2. Ficar em casa, em tempo integral. Entretanto, sem o entendimento dos benefícios de estar com a família, tornar-me-ia uma pessoa recalcada, sem sonhos, "reclamona" e "murmurenta". Seria uma mãe de corpo presente, mas coração ausente; ou

3. Não me manter casada, separando-me diante das dificuldades encontradas e que exigiam alguns ajustes. Consequentemente, minha família estaria desfeita, e com certeza, não estaria vivendo as alegrias que vivo hoje em meu lar; ou

4. Manter meus diplomas engavetados e seguir frustrada por nunca ter atuado profissionalmente; ou

5. Iniciar um projeto nascido no coração de Deus, e fazer o que fui chamada e capacitada para fazer neste tempo.

Entre essas e tantas versões, escolhi a melhor! Deus trouxe total compreensão do que eu deveria fazer. Inscrevi-me no curso Terapia para casais — Abordagem Psicanalítica, seguido de Psicanálise clínica no Instituto Fazendo a Diferença. Achei-me! Encontrei-me! Nem consigo expressar o quanto me identifiquei nessa área. Concluirei, em breve, e já sonho com novos desafios como me especializar em temas como sexualidade, traumas religiosos, transtorno de personalidade e outros temas, que me permitirão alcançar novos horizontes e exercer com excelência minha profissão. Já me vejo ajudando mulheres a descobrirem seus potenciais e contribuindo na restauração de seus lares e suas famílias.

Essa mudança de 180 graus, proveniente de Deus, transformou minha vida e me permitiu compartilhar meu testemunho em todos os lugares, inclusive neste livro. Recebi a oportunidade de incentivar você a sair do ciclo de insatisfação, em que talvez se encontre hoje, e fazê-la acreditar que existe uma versão melhor sua, neste universo, esperando ser descoberta. Acredite que Deus ama você e Ele já criou a sua melhor versão!

O dia em que nos convertemos a Jesus é o dia que nosso Deus nos oferece a oportunidade de nos tornarmos filhas. E é Ele que nos conduz, que nos leva a acessar essa versão. Conecte-se! Não é tarde demais, você é capaz, e nunca está só. O Deus Soberano, que lhe fez, habita dentro de você. E acredite que a oportunidade de transformação existe, enquanto existir vida.

Con+versão = sua versão em Cristo

REFERÊNCIAS

BÍBLIA Sagrada. Revista e atualizada no Brasil. Trad. João Ferreira de Almeida. 2. ed. Barueri: Sociedade Bíblica do Brasil, 2009.

"Eu sei que Deus cuidava de mim antes mesmo de eu O conhecer."

Gerci Maria

Pastora Graça Santos

Eu sou Graça Santos, filha de Maria Emilia e Pacífico da Costa. Sou casada com o pastor Manoel Santos, temos dois filhos: pastor Uanderson Santos e obreiro Micael Santos, nossos tesouros; minhas noras, pastora Katia Lais e diaconisa Gleice Iris; e dois netos, Arthur e Larissa, presentes de Deus. Somos pastores presidentes da Igreja Pentecostal Terra Fértil, em Pirituba/SP.

Sou pastora, escritora, compositora, cantora, empreendedora e influenciadora de mulheres, trabalho com os projetos Princesa em Alta e Sou Escolhida. Tenho formação concluída em Saúde Mental, Psicologia do Trabalho e pós-graduação em Teologia Cristã e Psicologia Pastoral Cristã Eclesiástica.

princesas.em.alta

+55 (11) 99467-3751

Pastora Graça Santos

MULHERES COM UM CHAMADO

ENFRENTAR COM CORAGEM E DETERMINAÇÃO O CHAMADO

14

Por Pastora Graça Santos

Sou grata a Deus por fazer parte desta obra, por escrever mais um capítulo de um livro com um tema tão importante: falar de um chamado cheio de experiências com Deus. Há trinta anos, venho exercendo o meu chamado dentro do que o Senhor me chamou. Quero escrever para nossas amigas leitoras, que todo chamado requer muita coragem, confiança e determinação. Vou passar um pouco das minhas experiências com Deus.

No meu pastoreio, em missões que fiz e continuo fazendo, tenho visto o agir de Deus por meio de curas, sinais de maravilhas e libertação. Logo quando comecei a praticar o "ide" do Senhor, sempre gostei muito de fazer programas de rádio, era por meio dessas transmissões que eu lançava convites aos ouvintes para irem aos cultos. Assim, tive as primeiras experiências, desafiando o inferno inteiro, em busca das almas oprimidas.

Durante uma dessas transmissões, uma mulher que estava ouvindo a programação informou-nos que sofria com câncer no estômago. Nesses programas, eu costumava dizer: "Você que precisa de um milagre, venha! Hoje é o seu dia!" e, em seguida, passava o endereço da igreja. Pois essa mulher que ouvia a programação interessou-se e foi ao culto e, naquele dia, ela foi curada, para a glória de Deus! Ela ficou maravilhada com o que aconteceu! Ela nos contou que estava fazendo um tratamento com um pai de santo e que foi ao encontro dele, dizendo: "Não precisa mais continuar os trabalhos, eu já estou curada!" Ele se espantou e perguntou a ela como tinha sido curada. Ela contou, então, que estava ouvindo uma pastora em uma estação de rádio, que lançou um convite a um culto de cura. Ela, então, anotou o endereço da igreja, foi até lá e foi curada.

Ele quis também ouvir o programa e foi ao nosso encontro no culto. Lá ele também presenciou a cura de uma mulher de dezoito anos, com dois tumores nos rins. Ele ficou espantado, no final do culto procurou-me e disse: "Quero conhecer melhor Jesus". E eu falei: "Posso lhe ajudar". Em seguida, ele nos fez o convite para irmos à sua casa. Fomos eu, meu esposo e um obreiro, ao chegarmos lá, ele pediu que desmanchássemos um altar que havia na casa dele. Imediatamente, limpamos a casa dele. Hoje, ele e todos da casa dele servem ao Senhor.

A boa parte dessas experiências é que somos blindados por Deus. Porque todos nós somos escolhidos por Deus e abençoados por Ele, para irmos contra todo tipo de maldição proferida por alguém e contra todo tipo de mal que alguém possa desejar.

Em Zacarias (2:5), o Senhor nos assegura a sua proteção, dizendo: "E eu, diz o Senhor, serei para ela um muro de fogo em redor eu mesmo serei, no meio dela, a sua glória". Em Mateus (16:18), o próprio Jesus assegurou a blindagem da sua igreja: "Sobre esta pedra edificarei a minha igreja e as portas do inferno não prevalecerão contra ela". Em Lucas (10:19), Jesus assegurou a blindagem dos seus discípulos: "Eis que vos dou poder para pisar em serpentes e escorpiões e toda a força do inimigo, e nada fará dano algum". Em 2 Tessalonicenses (3:3) Paulo diz: "Mas fiel é o Senhor que vos confortará e guardará do maligno". Em 1 João (5:18), o apóstolo João escreveu que "todo aquele que é nascido de Deus conserva-se a si mesmo, blindado pela proteção divina, e o maligno não lhe toca".

Quem é blindado por Deus e revestido de toda armadura de Deus consegue anular todos os dardos inflamados do maligno com o escudo da fé (Efésios 6:10-17). O chamado de Deus requer confiar nEle e saber que a boa mão de Deus está sobre nós. Em 1 Reis (18:46) vemos que a mão do Senhor estava sobre Elias, que cingiu os lombos, e veio correndo perante Acabe, até à entrada de Jaezarei. A mão do Senhor transportou Elias de forma sobrenatural, levando a correr um percurso de aproximadamente 27 quilômetros.

Em 1 Reis (3:15), é descrito como a boa mão do Senhor veio sobre o profeta Eliseu: "E sucedeu que, tangendo o tangedor, a mão do Senhor veio sobre Eliseu, ele profetizou provisão de água no deserto e a vitória dos exércitos de Israel e Judá". Em 2 Crônicas (30:12), é dito que "em Judá esteve a mão de Deus, dando-lhe um coração, para fazerem o mandato do rei e dos príncipes, conforme a palavra do Senhor". A boa mão de Deus promove união entre o povo.

Nosso Deus trabalha para todos aqueles que nele esperam, Deus mesmo garante isso, dizendo, em Isaías (59:1): "Eis que a mão do Senhor não está encolhida, para que não possa salvar; nem seu ouvido agravado, para não ouvir".

É sobre esse chamado que estamos aqui, escrevendo, afirmando que tudo isso só acontece em nossas vidas porque o Senhor tem achado graça e nos capacitados, para viver este momento único de expressar as nossas histórias. Tudo que acontece em nosso meio é por intermédio do Espírito Santo, que transforma de dentro para fora, a alegria de servir a Deus é grande.

A alegria do Senhor é a nossa força, o povo foi confortado pelos levitas com a seguinte palavra: "este dia é consagrado ao Senhor, portanto, não vos entristeceis, porque a alegria do Senhor é a nossa força" (Neemias 8:10). Em Êxodo (15:2), vemos que após conquistar uma grande vitória, Moisés disse: "o Senhor é a nossa força e o meu cântico". Em 1 Samuel (2:1) lemos que, após receber uma grande bênção, Ana disse: "o meu coração exulta no Senhor".

A alegria do Senhor fortalece-nos, porque em Colossenses (1:11) Paulo afirma que devemos ser "corroborados em toda a fortaleza, segundo a força da sua glória. Com toda a paciência e longanimidade; com gozo". Quando o Senhor alegra-se conosco, somos fortalecidos pela força do Seu poder. Quando o Senhor chamou-me para estar exercendo o meu chamado, tive várias experiências, daria para escrever vários livros, mas hoje estou escrevendo algumas das muitas maravilhas que só Deus faz.

Estive em um culto de adoração, no interior de São Paulo, e lá, o Senhor fez mais um de seus milagres no nosso meio. Havia um homem aleijado de seus pés. Eu estava adorando a Deus e, de repente, aquele moço levantou as moletas para o alto e começou a andar no meio da igreja, foi lindo o sobrenatural de Deus.

Em outro momento, adorando a Deus em outro lugar, havia um moço mudo. Como sempre a bondade de Deus é grande, Deus deu voz àquele moço, a igreja na glorificação, e eu sempre adorando junto! Foi quando o pastor daquele local me disse: "Este moço era mudo e agora está falando, para a glória de Deus!". É assim que o Senhor torna possível aquilo que era impossível.

Na Bíblia temos várias mulheres que mostram claramente o seu chamado. Vejamos: Eva foi chamada por Deus para ser mãe de todos os viventes (Gênesis 3:20); Agar foi chamada por Deus para representar a mulher desprezada, mas amparada pelo Senhor (Gênesis 16:7-14); Sara foi chamada por Deus para ser mãe de nações (Gênesis 17:15-16); Rebeca foi chamada por Deus para gerar duas nações no seu ventre (Gênesis 25:21-23); Leia foi chamada por Deus para ser a mãe de Judá e cabeça da tribo messiânica (Gênesis 29:35); Raquel foi chamada por Deus para ser matriarca de Israel (Gênesis 30:22); Joquebe foi chamada por Deus para educar Moisés, o maior legislador da antiguidade (Êxodo 2:1-10; 6:20); Miriã foi chamada por Deus para ser a primeira profetisa da história israelitas (Êxodo 15:20-21).

A lista não para: Raabe foi escolhida por Deus como símbolo da mulher redimida (Josué 2:1-24; Hebreus 11:31); Débora foi chamada por Deus para ser a primeira juíza de Israel (Juízes 4:4-5); Joel foi chamada por Deus como símbolo da mulher corajosa (Juízes 4:17-22); Rute foi chamada por Deus como símbolo da nora perfeita (Rute 4:15); Ana foi chamada por Deus como símbolo da mãe que ora (Samuel 1:10-27); Abigail foi chamada por Deus como símbolo da mulher prudente (1 Samuel 25:3); Ester foi chamada por Deus como símbolo da mulher patriota (Ester 4:14-16); Maria foi chamada por Deus para ser mãe do Salvador (Lucas 1:30-35); Isabel foi chamada por Deus como símbolo da mulher cheia do Espírito Santo (Lucas 1:41); Marta foi chamada por Deus como símbolo da mulher que trabalha no lar (Lucas 10:38-42); Maria Madalena foi chamada por Deus como símbolo da mulher liberta por Cristo (Lucas 8:2-3); Dorcas foi chamada por Deus como símbolo da mulher piedosa (Atos 9:36-41); Lídia foi chamada por Deus como símbolo da mulher de negócios que se converteu ao Senhor (Atos 16:11-15); Priscila foi chamada por Deus como símbolo da mulher missionária que acompanha seu esposo no ministério (Atos 18:1-4); Febe foi chamada por Deus para ser a primeira Diaconisa (Romanos 16:1-2); Loide foi chamada por Deus como símbolo da avó que educa seu neto no caminho do Senhor (2 Timóteo 1:5).

Na Bíblia é enaltecido o grande valor da Mulher: "Mulher virtuosa, quem a achará? O seu valor muito excede ao de rubis." (Provérbios 31:10), nas Escrituras Sagradas há muitas mulheres libertas que serviam no ministério do Senhor Jesus Cristo (Lucas 8:2-3).

Listei essas mulheres na intenção de lhe mostrar que Deus tem um chamado para cada mulher e, desse modo, Deus usa cada uma de nós para a Sua glória.

REFERÊNCIAS

BÍBLIA Sagrada. Bíblia da pregadora pentecostal. Almeida, revista e corrigida. 4. ed. São Paulo: Sociedade Bíblica do Brasil, 2018.

"Deus a espera. Ouse atender ao Seu chamado."

Pastora Graça Santos

Sou Janine Reis, natural de Muqui/ES, resido em Cachoeiro de Itapemirim/ES com minha amada família: meu esposo Julio Jr, com quem sou casada há doze anos, e meus filhos, Pedro e Enrico.

Sou cantora gospel, compositora, escritora e também trabalho com vendas. Por meio do meu ministério e das minhas redes sociais sigo, diariamente, falando sobre o amor de Jesus e sobre toda a transformação que Ele fez em minha vida.

Apesar de ser jovem, já vivi muitas experiências que me trouxeram maturidade e desejo de buscar, cada vez mais, por Jesus, e como consequência dessa busca, viver o meu chamado e levar meu testemunho por onde eu passar.

janinereisofc

+55 (28) 99989-9601

Janine Reis

janinereisoficial

MULHERES COM UM CHAMADO

CHAMADA POR ELE

15

Por Janine Reis

Tem feridas que para serem curadas precisam ser expostas. Toda ferida esconde a falta de algo. Com a exposição, iniciou-se um processo na minha vida. Um processo que me levou até Jesus: cura interior, dor, vergonha, arrependimento e humilhação. Aos meus olhos, era o fundo do poço, aos olhos de Deus um vaso precioso, quebrado, sendo refeito, pedaço por pedaço para começar então uma nova história, a história a qual o Senhor tem escrito para mim.

Eu comecei tudo na minha vida muito cedo, fui mãe aos quinze anos, casei-me aos vinte anos e vivia uma vida de festas, sempre rodeada de pessoas, uma vida de muita exposição e um *status* de *digital influencer* na minha cidade. Habitualmente, arrumava-me de forma muito sensual para atrair olhares e trazer elogios, no fundo, existia uma carência em mim que nem mesmo meu marido era capaz de preencher, eu sempre queria mais atenção, mais olhares, mais holofotes. Eu não caminhava com Deus e também não encaminhava os meus filhos para a igreja, o meio em que eles sempre estavam era de festas, músicas e bebidas. Com a falta de temor a Deus, da minha parte e do meu esposo, o nosso casamento era conturbado, não tinha fidelidade da parte do meu esposo para comigo, ele errou, e isso trouxe para o meu coração e para a nossa família maldição. Até que um dia perdemos o nosso estabelecimento, que era o maior da nossa cidade, meu esposo enfrentou uma depressão e eu tive que ser forte e sair para trabalhar enquanto ele não conseguia se reerguer. E foi aí que o inimigo começou a agir na minha vida. Eu dei legalidade e abri brechas. O diabo mostrava-me a todo instante a fraqueza do meu esposo como um peso nas minhas costas e trazia à minha memória os erros que ele já tinha cometido comigo, tentando me convencer de que eu não tinha motivos para estar mais com ele, porque era eu quem estava sendo a provedora do lar naquele momento. Em vez de eu ser a mulher sábia e olhar com amor e misericórdia sobre a ferida e fraqueza dele, eu me deixei olhar com os olhos do inimigo, esquecendo-me dos nossos votos, que fizemos perante ao Senhor, dos filhos que Deus nos entregou como herança, esquecendo-me da importância da família.

O diabo a todo instante tentava me engolir e me colocar no meio da multidão que está vagando nesse mundo, divorciando-se, em adultério, em libertinagem e sem expectativa de vida e futuro, apenas entregue aos prazeres carnais. Com isso meu casamento acabou. A frase que o diabo implantou na minha mente foi que eu estava na melhor fase da minha vida, madura, bonita e que era a hora de aproveitar o tempo perdido. Quanta ilusão! Deixei-me enganar por essas afirmações e perdi meu casamento, meus filhos ficaram totalmente desestabilizados, com comportamento agressivo e ansiedade em excesso. Eu não conseguia trabalhar, não me concentrava em nada nem ser uma boa mãe, estava totalmente perdida, só sabia chorar e pensar em como foi que deixei isso tudo acontecer, sentia uma culpa enorme.

Chegou um dia em que me olhei no espelho chorando em desespero e não me reconheci, não sabia quem era aquela que eu via na minha frente. Meu sonho era casar, construir uma família feliz e eu tinha perdido tudo. Escolhi abrir mão, iludi-me com o que o mundo queria me oferecer. Após um mês sofrendo, eu decidi, então, tentar reatar meu casamento e para a minha surpresa, Deus já estava trabalhando no coração do meu esposo. Ele me disse que só voltaríamos se fôssemos para a igreja, seria algo novo longe de tudo que fizemos até o momento. Eu topei, mas ainda estava confusa em relação a tudo, aos meus sentimentos, porém, eu aceitei e começamos a ir à igreja; lá, Deus foi me curando.

Na semana seguinte, Deus acordou-me em uma madrugada e disse: "Abra a porta". Eu, sem saber o que era aquela voz, assustei-me e, então, novamente Ele disse: "Abra a porta", e nesse momento, senti uma paz inexplicável e então voltei a dormir. No dia seguinte, no culto, perguntei ao pastor o que significava aquilo, e ele me disse: "Filha, Jesus quer entrar no seu coração, Ele anseia por ti, por esse momento". E, naquele momento, em prantos, eu abri o meu coração.

Há duas semanas desse episódio, eu estava com meu casamento acabado, meus filhos com o emocional abalado, feridos, eu não conseguia trabalhar, só chorava e sentia raiva, culpa, rancor de mim e de toda a situação. Olhava-me no espelho e pensava: "Onde me perdi? Como deixei a situação chegar a esse ponto?". Uma coisa é certa, tudo o que você planta, você colhe, e toda ação tem consequências, e Deus, como um bom pai, não lhe isenta das consequências. Mas, ainda assim, quando eu estava lá no fundo do poço, na lama da sujeira em que eu mesma me coloquei, colhendo as consequências das más decisões que tomei, Jesus estendeu-me a mão, Ele me chamou, Ele insistiu em mim, Ele me escolheu. Enquanto o diabo colocava em mim medo, culpa, rancor, tentando me oprimir a todo tempo, dizendo que nunca mais eu iria ter minha família de volta e que não haveria nova chance para mim, Jesus chamou-me e eu O deixei entrar na minha vida. Assim, uma nova história começou, tudo se fez novo. O cenário, que era de morte, de sequidão, voltou a ter vida e, no lugar do medo, Ele pôs alegria, trouxe paz para o meu coração e deu-me uma nova chance.

Deus foi me curando, tirou-me dos ombros a culpa, o medo, perdoou-me e fez-me liberar o perdão, restaurou minha vida e moldou-me, mudou minhas vestes, meu caráter, minha fala, minha conduta e, como consequência, restaurou meu casamento e minha família. Eu sempre digo que Deus não restaura casamento, Deus restaura pessoas e pessoas restauradas, curadas, restauram casamentos. E foi assim que Ele fez comigo.

Quando abri meu coração para Jesus, o Espírito Santo começou a fazer uma faxina em mim, iniciando pelo meu guarda-roupa. Ele mudou as minhas vestes, mostrou-me que a verdadeira beleza não está na aparência física, no exterior, mas sim no meu interior, naquilo que eu carrego dentro de mim, que traz um brilho diferente, que vem do Espírito Santo. Eu não precisava mais me vestir de maneira vulgar, sensual, para atrair olhares do mundo. Ele me mostrou que sou preciosa, valiosa, valorosa para Ele do jeito que eu sou, sem exageros, sem "máscaras", da maneira como Ele me criou. O amor dEle preencheu-me por inteiro, aprendi a me amar, a me enxergar da forma como Ele me vê, eu descobri minha identidade de filha amada do Pai, e isso passou a ser o suficiente para mim.

Como um bom Pai, Ele sabe os desejos do meu coração, os dons e talentos escondidos, afinal foi Ele quem os colocou em mim, e então, com apenas dois meses mergulhada em Sua presença, Deus me deu minha primeira canção, uma composição que conta o meu testemunho, a canção "Posso confiar", e os talentos, que antes eu estava usando para o mundo, comecei a usar para Ele.

Antes de converter-me, eu estava prestes a iniciar uma carreira sertaneja, já tinha escrito várias composições autorais, esse era o meu desejo, a minha vontade, mas não era o que Deus tinha preparado para mim. A minha identidade é de adoradora, eu nasci para cantar para o Pai, não para o mundo, nasci para adorar a Deus, e não para ser adorada. Os planos de Deus são maiores, assim como diz na Sua Palavra, que ainda nem chegou ao nosso coração, é o que Ele tem preparado para os que o amam. Hoje, para a honra e glória do Senhor, eu e minha casa servimos a Deus, já estou com seis canções autorais e um livro de devocional lançado, mas eu sei que Deus tem muito mais para mim e, todos os dias, abro-me e coloco-me à disposição dEle.

Eu fui salva, fui liberta, fui perdoada, fui curada para curar; eu entendi e aceitei o meu chamado. O chamado não é um fardo, e sim um privilégio. Servir a um Deus tão grande, mesmo sendo tão pequena, tão falha, é um privilégio. Deus tem um propósito, um plano, tem projetos valiosos para a minha e para a sua vida também. Hoje, talvez, você esteja passando por um "vale de ossos secos", no fundo do poço, e eu estou aqui para lhe encorajar, para ser profeta na sua vida e lhe dizer que, o que parece o fim aos seus olhos é apenas o começo de algo precioso que Deus tem para fazer na sua vida. Mas, para isso acontecer, você precisa, assim como eu, escolher abrir o seu coração todos os dias. Você precisa estar disponível para que Ele venha transformar a sua vida, fazer uma faxina, tirando de você tudo o que não provém dEle. Não vou enganá-la dizendo que é fácil, vai doer, vai sangrar, vai ser necessário mexer em feridas que estavam encobertas, mas que ainda sangram, feridas que só você e Deus sabem. Vai ser necessário expor, trazer para fora, para que sejam tratadas e curadas. Evangelho não é conforto, é confronto, renunciar dói, mas vale a pena.

Aquilo que mais lhe trouxe dor é o que Deus vai usar para salvar vidas. O seu testemunho, se você for firme e permanecer nEle, vai impactar gerações. Quanto mais você se entregar a Ele, mais Ele vai usar você. O processo lhe prepara para a promessa. Seja forte e corajosa!

Tem uma frase que carrego no meu coração, no dia que vem o desânimo, a vontade de desistir, porque esses dias maus chegam, eles batem à porta, Jesus mesmo nos disse que teríamos aflições, mas que Ele venceu e, se nós estivermos com Ele, seremos mais que vencedores, então, quando esse dia chegar até você, lembre-se: de como era estar perdida e ser encontrada por Ele. Lembre-se de onde você estava antes de conhecer Jesus; lembre-se de onde Ele tirou você; lembre-se do preço que foi pago por amor a você. Mesmo antes de você amá-lO, Ele a amou, Ele a ama! Ele tem o melhor para você e para a sua família.

Não haja como uma serva, ou como um órfão, dirija a sua vida com atitudes de filha. Um servo tem vergonha de falar com seu Senhor, mas um filho tem a liberdade para conversar com seu Pai, um servo não peca porque quer ser recompensado, mas um filho não o faz por amor ao Pai, o órfão se sente rejeitado ou excluído, mas o filho sabe que é único e amado pelo Pai.

Hoje, eu celebro o fundo do poço em que eu estive, pois foi ele que me levou até Jesus. Que Deus abençoe você.

Com amor,

Janine Reis

"Nunca se esqueça de como era estar perdida e ser encontrada por Ele."

Janine Reis

Josélia Calixto

Eu sou Josélia Calixto Leitão Borsatto, nascida em Parnaíba/PI, hoje moro em São Paulo/SP, onde construí meu lar com meu esposo, Marcos, e nossas filhas, Larissa e Ana, que são a luz dos meus dias. Eu sou terapeuta especializada no universo emocional feminino, mentora cristã e teóloga em formação.

Desafios enfrentei, mas descobri uma força interior, ao integrar os três pilares (corpo, mente e espírito), a chave para a autocura. Minha paixão é guiar mulheres ao resgate de sua essência, identidade e propósito, desbloqueando potencial, curando feridas emocionais e florescendo em todas as áreas da vida, inspirando-as com valores de fé, amor, compreensão e resiliência.

joselia.terapeutaespecialista

+55 (11) 96063-9566

joselia.terapeutaespecialista@gmail.com

MULHERES COM UM CHAMADO

DO CHAMADO AO LEGADO

16

Por Josélia Calixto

Na jornada dos meus 42 anos, emergi como uma mulher cuja essência foi forjada pelos desafios que moldaram minha trajetória desde a infância. Nasci na costa do Piauí, em uma família monoparental, sendo a última de quatro irmãos. Desde cedo, a simplicidade das origens e a dinâmica disfuncional do lar apresentaram-me a vida como um quebra-cabeças complexo, repleto de peças de adversidade que eu estava destinada a resolver.

Ao lado da minha mãe, enfrentei privações que cultivaram em mim uma sede voraz de crescimento e superação. Cresci com a lacuna provocada pelo abandono do meu pai, que ocorreu desde o meu nascimento, o que me fez crescer com a desarmonia da figura masculina em minha formação. As sombras em minha trajetória de vida intensificaram-se diante da violência sexual que sofri desde a minha infância, bem como a escassez financeira que nos envolveu constantemente em problemas e vergonha, a sensação era de não merecimento.

Minha juventude foi marcada por escolhas precipitadas, como relacionamentos precoces e abusivos e coragem para mudar minha realidade e buscar nos estudos e no trabalho a realização pessoal. Porém, encontrei luz na escuridão, abraçando a transformação espiritual. Aos 25 anos, casei-me e construí família, nossas filhas foram inspiração para buscar a fé. Ele se converteu em meio a uma crise de burnout, quando entendeu que a vida não tem lógica quando resistimos a aceitar Jesus Cristo como nosso Salvador. E eu mergulhei no estudo das Escrituras

Sagradas. Essas provações nos ensinaram sobre a importância da fé, do posicionamento em meio àqueles que nos cercam, fortalecendo nossa família, guiando-nos rumo à cura e renovação espiritual.

Em 24 de junho de 2021, em meio à pandemia de covid-19, fui golpeada pela maior dor que já enfrentei, a partida de minha mãe. Foi devastador, em um piscar de olhos, ela partiu, nos meus braços, acometida por um infarto no miocárdio.

Naquele momento, findaram-se anos de sofrimento causados pela depressão reativa, seguidos de acompanhamento psiquiátrico, uso de medicações fortes e doenças psicossomáticas. Infelizmente, ela não aceitava que, muito do que vivenciava, era reflexo de sua mente adoecida pela exposição prolongada a sofrimentos emocionais, resultado de uma história de vida marcada por dor e escassez.

Cada momento compartilhado com ela no decorrer da minha vida foi uma lição, um testemunho do verdadeiro significado da maternidade. Ela nunca mediu esforços para pagar meus estudos, dar-me uma boa roupa, inserir-me em ambientes importantes para meu crescimento. Compartilhávamos uma identidade entrelaçada, os desafios dela eram os meus e vice-versa. Percebi, ao longo do tempo, que éramos emocionalmente dependentes uma da outra. Quando ela partiu, fiquei à deriva, sem o alicerce que tanto me sustentava. Cuidei dela com a mais profunda honra, até seu último suspiro.

Esse foi mais um marco para uma jornada decisiva em minha vida. Processar a dor do luto impulsionou-me a buscar a verdadeira paternidade em Cristo, mergulhando em um processo profundo de autoanálise e quebrantamento.

Decidi não perpetuar a dor emocional que minha mãe enfrentou, mas, sim, honrar sua memória, por meio da educação e valores que recebi, como força, coragem, fé, posicionamento e identidade, que eram a suas marcas registradas.

Escolhi não me enterrar junto com minha mãe, mas renascer para uma nova vida, como uma semente que ela semeou em solo fértil, mas que precisou morrer para germinar e crescer restaurada em um novo solo. E então, na estação adequada, dar frutos saudáveis, como resposta a uma nova interpretação sábia a toda a minha história de vida.

A fé inabalável em Deus, o amor que recebi da minha família e o apoio de terapias e mentorias cristãs foram como mãos estendidas na escuridão naquele momento de dor, guiando-me suavemente para fora das sombras do luto.

Cada passo em direção à autocura foi uma jornada dolorosa, mas também uma oportunidade de crescimento e renovação. Compreendi então, que para curar o luto materno, era crucial primeiro lidar com as feridas que estavam abertas dentro de mim. Foi um verdadeiro desvendar das camadas de dores acumuladas ao longo dos anos, um resgate aos recursos saudáveis que estavam aprisionados pelas lembranças dolorosas da infância.

Concluí que, apesar da ausência física dos meus pais biológicos, eu não era uma órfã. Descobri que tenho um Pai celestial, o Criador de todas as coisas, do qual eu sou coerdeira de Seu amor, misericórdia e graça.

Essa compreensão mudou minha perspectiva, dando-me a certeza de que podia depositar toda a minha fé em Deus, em vez de confiar nos homens, assim como assumir o papel de matriarca do meu lar com coragem e determinação.

Aprendi que, ao me posicionar como uma aprendiz intencional, eu acesso a restauração, de acordo com a seguinte ordem:

1º) Reconstruir os muros de proteção, fortalecendo o pilar espiritual, ao priorizar a presença de Deus em minha jornada.

2º) Começar a lidar com as ruínas emocionais provenientes das minhas memórias de dor, que se mantiveram arquivadas na minha mente e precisaram ser ressignificadas em meu processo de autocura.

Foi assim que decidi romper com os padrões de repetição que haviam sido moldados desde a minha infância e que eu, inconscientemente, repetia na fase adulta. Então me libertei, deixei partir tudo o que identifiquei como não fazendo parte da minha verdadeira identidade. Foi um ato de coragem e autoconhecimento que abriu caminho para uma nova fase em minha vida, quando o crescimento e a realização de sonhos tornaram-se possíveis.

Cada passo, cada decisão foram como um mergulho mais profundo na fé e na confiança de que Jesus Cristo guia meu caminho. Essa jornada de entrega gradual ensinou-me a confiar na sabedoria divina e deixar de lado as ânsias da minha alma em busca de satisfação terrena.

Desse modo, reconheci-me como uma mulher moldada pelos desafios desde a infância. Acessar e acolher minha origem e história de vida foi crucial. Investiguei, identifiquei e ressignifiquei minhas feridas emocionais de abandono, rejeição e humilhação, optando por curá-las em vez de deixá-las definir-me. Abandonei meus títulos profissionais anteriores como bióloga para abraçar meu chamado divino, confiando na coragem que recebi. Vivo uma vida com significado e propósito, encontrando beleza na simplicidade do cotidiano, sempre grata. Confio na orientação divina para superar desafios, mantendo-me firme no amor e evitando a amargura.

Hoje, eu reconheço o impacto do meu "sim", ao romper o ciclo familiar de distúrbios emocionais, abraçando meu propósito agora como mentora cristã e terapeuta especialista em mulheres. Essa decisão não apenas transformou a minha vida, mas também me capacitou para auxiliar outras mulheres em suas próprias jornadas de cura. Hoje, renascida e transformada, abraço múltiplos papéis: serva, filha, esposa, mãe, amiga, terapeuta, mentora e teóloga.

Dentro do meu lar, sou uma das principais sustentações, priorizando minha família como meu principal ministério. Isso me ensinou a equilibrar minha vida profissional de forma harmoniosa.

Tudo o que experimentei foi a materialização da vontade de Deus: "Que o próprio Deus da paz os santifique inteiramente. Que todo o espírito, alma e corpo de vocês seja conservado irrepreensível na vinda de nosso Senhor Jesus Cristo" (1 Tessalonicenses 5:23).

Minha voz carrega a autoridade da minha própria jornada, uma mulher que emergiu das cinzas, abandonando valores e comportamentos que não mais serviam aos meus princípios. O tempo que passo em intimidade e em solitude com Deus é sagrado, e é ali que encontro forças para acolher, ensinar e guiar.

Deus mudou minha sorte de forma tão profunda, que agora sinto a necessidade de me reapresentar para aqueles que me conheciam anteriormente. Renasci!

Nessa fase da minha jornada, transbordo das fronteiras da minha casa para o mundo, especialmente para outras mulheres, e percebo que é o próprio Deus que às tocam pela manifestação do Espírito Santo. Sinto-me chamada a compartilhar meu processo de restauração, inspirando outras a encontrarem sua força e restaurar seus passos futuros.

Hoje, como filha de Deus, descobri um caminho de novidade de vida ao reconhecer minha verdadeira paternidade. Minha jornada é a prova viva de que, ao recusarmos ser definidas pelas adversidades e optarmos pela coragem de enfrentá-las, nos tornamos testemunhas vivas de superação.

Com um coração transbordando de gratidão e propósito, avanço irradiando a luz que emerge da escuridão, motivando mulheres a nunca desistirem.

A transformação das minhas dores e lutas em minha vocação e missão de vida é evidência de que todas as coisas cooperam para o bem daqueles que amam a Deus e são chamados segundo o Seu propósito (Romanos 8:28). É por meio do amor do Pai Celestial que me vejo como um instrumento de cura na vida das mulheres, resgatando-as de seus traumas e dores passadas, auxiliando-as a redescobrir seus sonhos e construir uma vida de propósito, utilizando a Palavra de Deus como guia e empregando um método testado e validado em centenas de mulheres e denominado TEPM® (Transformar vidas, Elevar a consciência, Procurar feridas emocionais e Movimentar para ressignificar), que busca curar feridas emocionais e restaurar a verdadeira essência feminina.

Meu objetivo é capacitá-las a alcançar seu pleno potencial, deixando um legado de conquistas, assumindo seu papel como filhas de Deus e alcançando sua autocura e ressignificação de vida, pois os sonhos do Senhor são maiores que os nossos e a glória da segunda casa é ainda maior que a da primeira.

O processo de autoconhecimento foi uma oportunidade única em minha vida, para desvendar os mistérios do meu ser, fortalecendo minha fé e abraçando meu chamado interior.

Concluo afirmando que Deus quer que utilizemos nossos dons, habilidades e talentos não apenas para benefício próprio, mas, principalmente, para benefício do próximo. Encorajo você a buscar o autoconhecimento, alcançar sua autocura e ser um instrumento de transformação na vida de outras pessoas. Isso é maior do que uma herança que podemos deixar, isso se chama legado.

REFERÊNCIAS

BÍBLIA Sagrada. Nova Versão Internacional. Revista e atualizada no Brasil. 2. ed. São Paulo: Sociedade Bíblica do Brasil, 2000.

"Desvende seus tesouros internos, cure suas feridas e abrace sua jornada de transformação. Sua essência é seu maior poder!"

Josélia Calixto

Karoline Moreira

Eu sou Karoline Moreira, nasci em Itaperuna/RJ e resido atualmente em Macaé/RJ. Sou filha de Adilson Medeiros da Costa (*in memoriam*) e Mariléia Batista Moreira, casada com Eduardo e mãe do Felipe.

Atuo como assistente social, palestrante e mentora. Em 2020, o Senhor levou-me a um caminho de autoconhecimento. Desde então, defino-me como filha do Abba, mulher virtuosa, imagem e semelhança de Deus e esta é minha missão: ajudar mulheres a descobrirem sua verdadeira identidade.

Desejo que esta experiência edifique a sua vida, leve resiliência, esperança e a motive para dias melhores. Convido você a me seguir nas redes sociais, vamos trilhar juntas esse novo caminho reescrevendo uma nova história e virando a página da sua vida!

karolinemoreiraoficial (Instagram)

karolinemoreiraoficial (YouTube)

O CHAMADO CHAMA

17

Por Karoline Moreira

Nasci em Itaperuna, cidade do interior do Rio de Janeiro, no dia 31 de outubro de 1985. Minha mãe teve mais dois filhos, Carlos Bruno e Phillipy. Ela sempre foi uma mulher batalhadora e criou os filhos com muita dificuldade, desafios e perdas, pois meu irmão Phillipy faleceu em um trágico acidente de carro, aos 19 anos. Eu já estava perto dos 12 anos, quando minha mãe se converteu, e assim comecei a trilhar os caminhos do Senhor. Logo me batizei, comecei a participar do grupo jovem e apaixonei--me pelo Senhor e por Sua casa.

Mudamos de bairro e também de igreja, nessa época recebi um grande chamado do Senhor para a dança, na época, o Ministério de Dança da Igreja Batista da Lagoinha estava visitando a minha cidade e a nossa igreja abençoou-me com o pagamento do Congresso.

Nessa época, eu já tinha uns 15 anos, chegando lá e participando daquele momento maravilhoso, eu chorava muito ao ver aquelas meninas ministrando lindamente ao Senhor e me sentia totalmente incapacitada para aquele chamado.

Ajoelhei-me ao chão do corredor do teatro, orando, dizia ao Senhor que eu não havia estudado para aquilo e eu queria saber dançar tão bem quanto elas, pois também queria exercer meu chamado com excelência. De repente, sinto um abraço, era a Isabel Coimbra, líder do Ministério Mudança, da Igreja da Lagoinha, quando olhei para ela, disse-me: "Você é preciosa!".

Lembro-me que, durante aquela semana, o Senhor falou-me a mesma frase de várias formas até que eu entendesse que eu realmente era preciosa aos olhos do Pai. Saí do Congresso e comecei a estudar dança com uma professora de ballet, em uma pequena escola próxima à minha casa.

A dança foi um grande presente do Senhor em minha vida. Por meio dela, ministrei vidas, cuidei de jovens, dei aula para crianças, adolescentes e adultos. Viajei a vários lugares, ministrei com grandes nomes do meio cristão e ao ministrar a coreografia intitulada Nos braços do Pai, várias pessoas aceitaram Jesus como seu único e suficiente Salvador, inclusive, o meu próprio pai.

Tudo estava indo muito bem eu já havia sido contratada como secretária em um escritório de advocacia, passado em um vestibular da Universidade Federal Fluminense (UFF/RJ) e estava noiva do meu esposo.

Um dia, percebi algumas manchas em minhas pernas. Eram manchas vermelhas e ficavam mais evidentes após eu andar ao sol. Ao chegar no escritório mostrei a um dos meus chefes e ele, imediatamente, ligou para o seu irmão, que era dermatologista, e agendou uma consulta.

Nessa consulta ele pediu que eu fechasse os olhos, fez alguns testes e ao abrir os olhos, percebi que minha perna estava com alguns furos e sangrando. Daí ele me perguntou: você já conheceu alguém com hanseníase? Eu estranhei a pergunta e disse a ele que eu não sabia. Ele agendou uma biópsia para confirmar a suspeita do diagnóstico e, quando cheguei em casa, ao falar com minha mãe, ela logo me levou até o postinho de saúde, onde faziam o tratamento dessa doença.

Lá, o médico também fez os mesmos testes e me perguntou se eu estava sentindo alguma coisa, eu disse que não. Ao abrir os olhos eu olhei para a minha perna, tinha uma agulha ali, perfurando, mas eu não sentia absolutamente nada.

Não foi necessária a biópsia, pois a doença já estava em um estágio avançado e no mesmo dia comecei a fazer uma poliquimioterapia. Saí de lá com vários remédios e orientações para toda família que deveriam tomar a vacina BCG novamente, dentre outros cuidados. Também recebi um atestado para afastamento do trabalho.

Foram dias de choque de realidade e eu ainda tentava processar tudo aquilo que estava acontecendo. Tive que cancelar minha festa de casamento, diminuir o ritmo da vida e me cuidar, pois, para os médicos eu havia contraído o pior tipo de hanseníase.

Um fato curioso é que dias antes da descoberta da doença, eu havia me queimado numa panela e não havia sentido dor, comentei com minha mãe, ela também achou estranho, mas não desconfiamos de nada. Também tínhamos pouco conhecimento sobre a doença.

A hanseníase pode ser classificada em: hanseníase indeterminada (paucibacilar), tuberculoide (paucibacilar), dimorfa (multibacilar) e virchowiana (multibacilar). Considera-se paucibacilar quando há até cinco lesões e multibacilar quando há mais de dez lesões na pele. No meu caso, contraí a virchowiana, nesse caso, a doença é mais silenciosa por fora, porém o bacilo ataca silenciosamente os nervos do corpo.

A hanseníase virchowiana é uma forma grave da doença de Hansen, também conhecida como lepra. Essa forma da doença é caracterizada por lesões cutâneas difusas, fraqueza muscular e perda de sensibilidade. Se não tratada, pode levar a complicações sérias, incluindo deformidades físicas.

A hanseníase virchowiana é causada pela bactéria *Mycobacterium leprae*, que afeta principalmente a pele e os nervos periféricos, causando lesões extensas. A transmissão ocorre por meio do contato com uma pessoa infectada, sendo comum em locais com condições sanitárias precárias – na época eu era estagiária do curso de Serviço Social e atendia no plantão social da minha cidade muitos andarilhos, pessoas em situação de rua e provavelmente contraí essa doença atendendo aos usuários dessa Unidade Socioassistencial. Os sinais e sintomas da hanseníase virchowiana podem incluir:

- Manchas esbranquiçadas ou avermelhadas sem dor ou calor;
- Perda de força muscular, principalmente nas mãos e pés;
- Nódulos pelo corpo;
- Comprometimento dos nervos periféricos, resultando em perda de sensibilidade;
- Sensação de formigamento ou dormência nas extremidades do corpo.

No meu caso, a doença evoluiu para uma mononeuropatia múltipla que acometeu vários nervos dos braços e pernas, todos eles confirmados por um exame chamado eletroneurografia, em que recebemos ondas de choques.

O diagnóstico de hanseníase virchowiana é realizado por meio de exames clínicos e laboratoriais, nos quais o médico examina a pele em busca de manchas com perda de sensibilidade térmica, dolorosa e tátil. Além disso, a baciloscopia, exame que detecta a presença do bacilo de Hansen, é fundamental. Em alguns casos, uma biópsia de pele pode ser necessária para confirmar o quadro.

Para os hebreus, a lepra (hanseníase), como era chamada, era considerada uma maldição, um castigo divino, citada inclusive pela Bíblia. O estigma, a discriminação com a doença e com quem sofre a ação em seu corpo, foram construídos pela associação do termo lepra às deformidades causadas ao paciente. Inclusive, no nosso próprio país, existiam leprosários, em que as pessoas acometidas eram retiradas do convívio social e mantidas nesses locais.

Foi uma época muito difícil em minha vida, batalhas na mente, afastamento de pessoas, meu corpo sofreu terríveis transformações, muitas manchas, fissuras, preconceitos, mas com ajuda de Deus, apoio da minha família e do meu noivo Eduardo, venci essa batalha.

Além disso, com o tratamento tive várias reações, foram necessários corticoides, uma alimentação mais especial dentre outros cuidados. O estigma da doença me assolava. Todas as vezes que eu orava e perguntava o Senhor o porquê de estar passando por essa doença, o Espírito Santo respondia que era para a glória de Deus.

Durante esse tempo aprendi sobre autopiedade e descobri que era um dos sentimentos mais destrutivos que um ser humano pode sentir: pena de si mesmo. A partir daí, passei por uma virada de chave e decidi não ter esse sentimento sobre mim mesma.

Ministrei dança e liderei o ministério o máximo de tempo que pude, mesmo doente, pois o poder de Deus se aperfeiçoava na minha fraqueza. Enquanto meu sacrifício de adoração subia, o Senhor fortalecia-me.

Quando meu tratamento acabou, um mês após, casei-me e nos mudamos de cidade. Continuei o tratamento, pois o bacilo estava eliminado, mas as sequelas precisavam ser acompanhadas pelo resto da vida e até hoje os médicos olham meus exames e não acreditam que ele é meu, pois sou um verdadeiro milagre para eles.

No mesmo ano, em 2008 eu me formei na faculdade como bacharel em Serviço Social e foquei nos estudos, vindo a ser chamada em dois concursos. Tentei engravidar por muitos anos, e no dia 23 de outubro de 2016, estava em um retiro espiritual e perguntei ao Senhor se eu seria mãe. O Senhor respondeu com o nome do meu filho, Felipe. E, no dia 12 de março de 2019 nosso milagre chegou.

Os anos se passaram, e em 2020, o Senhor chamou-me para uma conversa, sentei, peguei minha Bíblia e o Espírito Santo levou-me ao livro de Provérbios (31:10), durante esse momento o Espírito Santo me disse, assim: "Você diz que não decora onde ficam os versículos da Bíblia, mas este você nunca irá esquecer, pois é a data do seu aniversário". No mesmo dia, o Senhor ressignificou a data do meu aniversário que é 31 de outubro, nesse dia em que se comemora o Halloween, descobri que essa data é muito importante, pois marca o início da Reforma Protestante, quando Lutero revoluciona toda a história do cristianismo.

O Senhor levou-me a percorrer todo o capítulo que trata da mulher virtuosa e pediu-me as sapatilhas, transicionou o meu ministério, chamou-me para cuidar de mulheres. Desde então comecei a estudar sobre o assunto e ser intencional em minhas atitudes. Nesse tempo de preparação, fui mentorada por Viviane Matinello, Douglas Gonçalves, Paulo Vieira, fiz o curso "Curadas para curar", inscrevi-me no Mentoras de Elite (reconhecido pelo MEC) e em um curso de bacharelado de Teologia.

O Senhor tem chamado mulheres, mulheres comuns iguais a mim e a você, com suas lutas e histórias, onde você foi mais ferida, o Senhor irá usá-la, pois, ferida curada é sinal de ministério aberto. Onde você foi mais ferida, o Senhor irá usá-la!

Esse é o seu tempo! Utilize suas redes sociais, o Senhor quer fazer a Sua mensagem conhecida! Ele quer curar vidas por meio da sua. O chamado é para todas as mulheres, é a convocação de Romanos (8:19) "A criação aguarda, com grande expectativa, que os filhos de Deus sejam revelados." Ele chamou você para este tempo, já não há tempo para lamentar e chorar, é tempo de agir. Há tempo para todas as coisas, como diz o livro de Eclesiastes (3:1-8) e este é o tempo em que o chamado também a chama. E você, aceita este chamado?

REFERÊNCIA

BÍBLIA Sagrada. Nova versão internacional. Revista e atualizada no Brasil. 2. ed. São Paulo: Sociedade Bíblica do Brasil, 2000.

BIO em foco. *Hanseníase*: por que uma doença bíblica continua tão atual? Disponível em: https://bioemfoco.com.br/hanseniase-doenca-biblica-continua-tao-atual/. Acesso em: 15 jun. 2024.

NOS braços do Pai. Intérprete: Ana Paula Valadão. In: Nos braços do Pai. Belo Horizonte: Diante do Trono, 2002. Faixa 5.

REDE D'Or. *Hanseníase Virchowiana*. Disponível em: https://www.rededorsaoluiz.com.br/doencas/hanseniase-virchowiana. Acesso em: 15 jun. 2024.

“Enquanto meu sacrifício
de adoração subia, o Senhor
fortalecia-me.”

Karoline Moreira

Pastora Kielci Saraiva

Graça e paz! Sou Kielci Rodrigues Ocanha Saraiva Ribeiro, casada há 37 anos com Jose Roberto Saraiva Ribeiro, mãe de três filhos, que são as minhas maiores conquistas. Sou pastora da Igreja Comunidade Família em Cristo de São Vicente/SP.

Há 21 anos, estou pastoreando juntamente com meu esposo e tem sido desafiador todos os dias. Meu chamado em fazer missões tem me levado às nações de Israel, Índia, USA, Portugal, Peru e África.

kielci.saraiva

+55 (13) 99643-1963

kielcisaraiva2015@gmail.com

Kielci Saraiva

MULHERES COM UM CHAMADO

CELEBRANDO O QUE FAZ VOCÊ SER ÚNICA

18

Por Pastora Kielci Saraiva

Como mulheres, sabemos que cada uma de nós possui características especiais, que nos distinguem e nos tornam únicas e belas por nossa singularidade. Não há uma mulher igual a mim, assim como não há uma mulher igual a você. Temos um chamado lindo em nossa vida. Penso muitas vezes na forma como uma mulher foi criada, a Bíblia diz que temos um valor precioso. Todas nós possuímos um valor imensurável e possuímos características e qualidades incomparáveis. Por isso, devemos apreciar quem somos e evitar menosprezar a nós mesmas.

Por muito tempo em minha vida, eu não tinha esse reconhecimento de amor-próprio, e nem sabia que Deus me amava tanto, e de minha importância. Hoje, sei que ser mulher e reconhecer que fui criada à imagem e semelhança de Deus é maravilhoso! Então, hoje sei que Deus trabalhou, meticulosamente, para criar a mulher, foi detalhista, fez perfeita criação, escolheu cada detalhe de sua aparência, designando-a um propósito em sua vida.

Em tudo aquilo que Deus faz existe uma intenção, um propósito. Por mais difícil que posso ser nossa trajetória de vida, não estamos sozinhas, Deus está presente em todo o tempo. Atualmente, sou uma mulher determinada, cuidando sempre da aparência, saúde e minha vida espiritual. Acredito que quando o nosso interior está bem, o exterior vai refletir o que é bom e belo, nas experiências que adquiri, entendi que não preciso mudar para ser querida e que minhas particularidades me tornam especial. Cada experiência, cada aprendizado, cada sonho e cada detalhe de sua aparência a torna única. Você não precisa ser igual a todas as outras mulheres: ouse ser você mesma na sociedade. Fomos criadas com talentos e dons únicos e devemos explorar nossos melhores atributos e, assim, tornamo-nos verdadeiras obras-primas, refinadas e meticulosamente trabalhadas à excelência.

Celebre sua singularidade feminina, exercendo o seu chamado, servindo ao próximo, mas lembre-se, ame a você em primeiro lugar, aceite-se e perceba que existe um potencial maravilhoso dentro de você. Veja até onde você chegou e tudo o que já venceu e conquistou. Há duas frases, cuja autoria desconheço, mas que quero compartilhar aqui: "Mulher, lembre-se sempre de que Deus a criou com propósito. Você é útil e capaz de superar qualquer desafio com a força que Ele lhe concede". "Nunca subestime o poder da sua fé. Com Deus ao seu lado, você é mais forte do que imagina e pode alcançar grandes realizações". Além disso, a Palavra nos diz, em Filipenses (7:7), que: "Que a paz de Deus, que excede todo o entendimento, guarde o seu coração e a sua mente. Confie nEle em todos os momentos e Ele guiará seus passos".

Ou seja, mulher, que possamos investir mais em cultivar a beleza do nosso coração, procurar enfeitá-lo, adorná-lo, pois isso é o que significa ser feminina aos olhos de Deus. Precisamos estipular nosso valor, e só saberemos o quão preciosas somos aos olhos de Deus ao estudarmos os valores de Deus na vida de uma mulher. A Bíblia é um bem valioso, precioso e raro e nos ensina o valor que temos.

O fato de você ser mulher não a torna um tipo diferente de cristã. Mas, o fato de ser cristã faz de você um tipo diferente de mulher. Que sejamos formosas e sensatas, tenhamos sensibilidade para contornar as dificuldades e os problemas que a vida nos apresentar.

Que possamos tirar os olhos das circunstâncias e olhar para Jesus, autor e consumador da nossa fé. Ele tem o poder de mudar a nossa história.

Deus não está buscando mulheres perfeitas, mas mulheres autênticas. Não precisamos viver sobre um jugo que não nos pertence. Deus está buscando mulheres imperfeitas que estejam dispostas a render-Lhe toda glória, e ser grata por tudo. Precisamos ter fome de Deus, o chamado a servir muitas vezes não é fácil, requer de nós renúncia. É tempo de Deus restaurar os ouvidos espirituais e o sacerdócio de muitas mulheres ser avivado. Penso que, quando uma mulher se levanta em seu lugar de promessa e de autoridade, ativa outras mulheres que estão estagnadas, muitas delas já desistiram. Escute o seu chamado e assuma a posição para a qual Deus a chamou! "Deus sempre fará primeiro conosco, para que, então, atue por meio de nós" (autoria desconhecida).

As mulheres que Deus está levantando são sondáveis, isto é, são conhecidas por Deus. É impressionante como Deus é especialista em levantar pessoas que costumam dizer que não possuem nada em si mesmas, que tentam dar desculpas para não serem usadas por Ele. São mulheres que não buscam visibilidade nem exposição, mas que amam a intimidade com o Pai. Justamente por isso, são aquelas que Deus deseja expor, estabelecer e levantar para um tempo novo e um propósito específico. Muitas pessoas procuram Jesus em busca de uma cura, mas não desejam caminhar com Ele, buscam apenas as bênçãos, mas não a intimidade.

Existem, porém, aquelas que estão muito além de uma benção, têm um coração que deseja mais, são pessoas que não querem apenas ser abençoadas, mas também corresponder a um propósito, a um chamado de Deus em suas vidas. Amar a Deus quando as coisas vão bem é fácil, o verdadeiro amor, no entanto, revela-se nas dificuldades, nas tribulações, nas aflições, nos momentos em que não apenas a sinceridade desse sentimento é provada, como também o nosso coração. Somente Ele é capaz de sondar áreas do nosso caráter e nos convidar a um lugar de transformação. O Senhor é capaz, depois de ver tudo o que há escondido em nós, de nos amar, de não desistir e de procurar nos reconectar a seu bom propósito e chamado.

Jesus tem expectativas a nosso respeito. Se existe algo de que não podemos fugir de forma alguma é do olhar dEle sobre nós. Deus pôs dentro de nós um propósito quando nos chamou para a Sua obra.

Deus está levantando mulheres que são intencionais naquilo que Ele mesmo as chamou para ser. Seja qual for a sua ocupação: médica, pastora, dona de casa, é exatamente onde você está, que Deus a chamou para ser intencional; precisamos nos dedicar ao máximo para que o propósito de Deus seja estabelecido onde você está. Precisamos ter uma atitude deliberada e ver resultados no nosso chamado.

Para ter uma vida íntima com Deus, em oração, muitas vezes precisamos estar a sós com Ele, "Orar tem mais a ver com o que ouvimos do que com o que dizemos" (Martinello, 2022). É no lugar de oração que somos instruídas, preparadas para realizar a vontade de Deus, Sua direção, sabedoria. Em todo meu tempo de Ministério, os melhores momentos continuam sendo quando estou em oração. "A oração é a respiração da nossa alma" (autoria desconhecida). Se você está passando por momentos difíceis, busque por Deus em oração, Ele certamente lhe responderá e lhe dará paz.

Houve momentos em minha vida em que eu questionava Deus por que eu nasci, qual era o propósito da minha vida, era um sentimento muito ruim, sentia-me sozinha. No entanto, hoje sei que tenho propósito, existe um chamado para mim, as crises servem para nos trazer amadurecimento, crescimento e transformação. Não fuja das crises, a unção nos separa, mas a dor nos prepara. Muitas vezes olhamos para nós mesmas e não conseguimos ver nada, mas Deus olha para nós e vê muitas possibilidades. Temos um texto lindo na Bíblia que diz: o Senhor não julga pela aparência, mas vê o coração. E quando Ele vê o coração, está vendo a verdadeira intenção dele, por isso, Ele não desiste de nós, temos valor precioso para Deus. As tempestades vêm para nos levar mais próximas dEle.

A boa notícia é que Deus sempre vai preparar um lugar de descanso e renovador para nossa vida. Talvez você tenha lutado contra sua timidez, para obedecer ao seu chamado, eu venci também, ministrar para mulheres ardia em meu coração, mas a timidez era pra mim uma barreira, o medo tomava conta. Mas, Deus foi muito paciente comigo me conduzindo em todo o processo e impulsionando por meio de pessoas e de oportunidades que me levariam exatamente onde era meu lugar.

Hoje, as pernas tremem ainda, meu coração dispara, mas resolvi fazer uma escolha: ser quem Ele diz quem sou. Seja intensa em seu relacionamento com Deus e enraizada na Palavra. Seja forte e corajosa. Permita que Deus defina você, não a sua batalha. O que você está chamando de perda, Deus chama de processo para levá-la a outro nível.

Deus aumenta sua capacidade para cumprir o seu chamado. A dor nunca será maior que o propósito. "O dono do Tempo sabe a hora de mudar nossa História"(autoria desconhecida). Escute o seu chamado e assuma a posição para a qual Deus a chamou. É chegada a hora de despertar outras mulheres, o poder de Deus é aperfeiçoado em nossa fraqueza, não há limites para Deus quando uma mulher se posiciona.

REFERÊNCIAS

MARTINELLO, Viviane. *Mulheres improváveis*. São Paulo: Vida, 2022.

"O fato de você ser mulher não lhe torna um tipo diferente de cristã. Mas o fato de ser cristã faz de você um tipo diferente de mulher."

Pastora Kielci Saraiva

Pastora Letícia Charone

Eu sou Letícia Charone, natural de Belém/PA, local em que resido com minha amada família: meu esposo, Alexandre Charone, com quem sou casada há catorze anos, e meus filhos, Aléxis e Isabela.

Sou Pastora Auxiliar da Igreja do Evangelho Quadrangular – Catedral da Família – Guamá. Atendi ao chamado de Deus para cuidar de mulheres e, juntamente com meu esposo, de casais.

Experimentei do poder de restauração e cura liberados pela Palavra de Deus, o que me impulsionou a dividir a minha experiência com outras mulheres, para que muitas famílias sejam restauradas.

leticiacharone

+55 (91) 98215-3384

leticiacharone@me.com

PastoraLeticiaCharone

MULHERES COM UM CHAMADO

LANCE SUAS SEMENTES

19

Por Pastora Letícia Charone

O Reino de Deus é semelhante a um homem que lança a semente sobre a terra. Noite e dia, estando ele dormindo ou acordado, a semente germina e cresce, embora ele não saiba como. A terra por si própria produz o grão: primeiro o talo, depois a espiga e, então, o grão cheio na espiga. Logo que o grão fica maduro, o homem lhe passa a foice, porque chegou a colheita. (Marcos 4:26-29)

Sementes são a origem de toda a espécie de colheita, representadas, no aspecto espiritual, por meio de cada escolha e atitude que tomamos. Compreender este princípio nos impulsiona a selecionar, intencionalmente, sementes compatíveis à colheita que desejamos obter, pois, uma vez lançadas, produzirão segundo a sua própria espécie.

Infelizmente, levei anos para entender que a intencionalidade consolidaria o meu foco no propósito e me ensinaria a minimizar as adversidades, fazendo-me enxergá-las como instrumentos de Deus para me proporcionar crescimento, como de fato são. Assim, o esforço que eu empenhava para focar em direções opostas levou-me a caminhar sem rumo e a lançar sementes aleatórias, distanciando-me cada vez mais do meu objetivo.

Sufocada pelas adversidades, enfrentei grandes dificuldades na tentativa de assumir o controle das minhas emoções, até que compreendi que aquela responsabilidade era grande demais para mim e deveria ser entregue a Deus. Eu não imaginava que tão simples decisão me levaria a experimentar a intensidade do amor e cuidado de Deus com a minha vida, transformando-a permanentemente.

Logo, este não é um relato de perdas e desilusões, mas um testemunho da restauração que Deus operou em meu casamento, o qual externalizo com grande expectativa de fazer você enxergar além das adversidades.

Eu conheci o meu esposo aos quatorze anos de idade, fomos melhores amigos por oito anos, aceitamos a Jesus juntos, no dia 6 de março de 2005, e passamos a servi-Lo juntos, no ano de 2007. No tempo certo, o Senhor transformou o que sentíamos um pelo outro e, então, em 2008, decidimos nos casar; lembro-me que foi intrigante e envolvente sentir meu coração acelerar todas as vezes que o encontrava, pois o que antes parecia normal em nossa rotina, foi ressignificado.

A notícia surpreendeu nossos familiares e dividiu opiniões. Enquanto alguns afirmavam sempre ter tido certeza de que ficaríamos juntos, outros temiam que estivéssemos confundindo nossos sentimentos, porém, tínhamos certeza de que já não conseguiríamos ser somente amigos, e em novembro de 2009, nós nos casamos.

Em uma perspectiva superficial, eu estava convencida de que os anos de amizade nos eximiriam de conflitos comuns entre casais, todavia, casamento é uma construção, e toda a construção precisa ser testada para garantir sua capacidade de suportar as cargas esperadas e resistir a condições adversas, e conosco não foi diferente.

Há alguns anos, enfrentamos um momento delicado em nosso casamento, o Alexandre se distanciou de Deus e a divergência de opiniões gerou graves discussões entre nós, resultando no esfriamento do amor que ele sentia por mim. Tal situação me causou intensa dor, pois os anos de amizade somados aos de casamento fizeram com que eu esquecesse como era a minha vida antes de conhecê-lo, contudo, quanto mais ele se distanciava de Deus, menos me enxergava, e a restauração do sentimento que um dia ele havia tido por mim passou a ser o foco das minhas orações.

Ocorre que, embora eu almejasse algo bom, os sentimentos que me norteavam me impulsionavam a tomar atitudes que me conduziam em direção oposta ao resultado que eu pretendia alcançar, afinal, se ele não me desejasse um bom dia, eu o ignorava, se fosse ríspido comigo, eu respondia à altura, e assim nós nos tornávamos cada vez mais distantes.

Passei, então, a fazer orações conflitantes, pois ao mesmo tempo que clamava pela restauração do meu casamento, pedia a Deus que o tirasse do meu coração. O meu "senso de justiça" fazia-me desejar que ele sofresse tanto quanto eu havia sofrido, todavia, compreender o amor de Deus não nos oferece outra opção, senão amar primeiro, sem qualquer garantia de retorno.

Você já se perdeu em seus sentimentos? Eu me perdi a ponto de desconhecer as minhas atitudes e esquecer que os meus filhos também sofreriam as consequências das minhas escolhas. Pior que isso, amargurada e sem foco, perdi a minha identidade, pois, como filha amada, eu deveria ser imitadora de Deus e viver em amor (Efésios 5:1-2), mas as minhas atitudes em nada refletiam as do meu Pai.

Lembro-me de uma discussão que tivemos, na qual ele externou o esfriamento do seu amor por mim. Imediatamente, fui dominada pelo sentimento de rejeição e prontamente respondi: "Tu achas que ninguém vai me querer? Me joga em um bloquinho e fica olhando de longe!". Eu não tinha nenhuma intenção de conhecer alguém em um bloquinho e, muito menos, frequentar um, mas, por meio das piores atitudes, queria ter de volta o olhar do meu marido.

Cuidado com a liberdade que você dá aos seus sentimentos, ela pode roubar o seu foco e impulsionar você a agir de maneira oposta ao resultado que você deseja alcançar. Felizmente, Deus colocou um ponto final no "meu eu" e me levou de volta ao ponto de partida, a fim de lembrar-me que a vitória da minha batalha não consistia eam ser honrada, mas em honrá-Lo e glorificá-Lo com as minhas atitudes.

Percebi, então, que passei anos orando pela transformação do meu esposo, enquanto Deus estava focado na minha transformação. Mas, afinal, por que queremos tanto que o outro mude primeiro? A realidade é que gastamos tanto tempo apontando os erros dos outros que nos esquecemos que a mudança deve começar em nós. Deus quer mudar a sua vida!

O egocentrismo impede-nos de enxergar o mundo além da nossa perspectiva, levando-nos a subestimar os esforços do outro. No meu caso, eu sequer pensei no esforço que o Alexandre estava fazendo, e no quanto devia ser difícil para ele, acordar ao lado de alguém que já não amava da mesma forma e que só reclamava. Ainda assim, ele permanecia ali e, mesmo que de maneira diferente da minha, lutando por nós.

Não foi sem propósito que Jesus pontuou como os dois maiores mandamentos o dever de amarmos a Deus de todo o coração, alma e entendimento, e ao próximo como a nós mesmos (Mateus 22:37-40), pois o amor a Deus em sua totalidade gera em nós o prazer em fazer a sua vontade e amplia, instintivamente, nossa visão, trazendo equilíbrio entre o amor-próprio e o amor ao próximo.

Ora, não havia qualquer possibilidade do meu casamento ser restaurado sem que antes eu fosse transformada, afinal, apesar da convicção de que chaves humanas não destravam portas divinas, eu permanecia esperando que o Senhor operasse por meio dos meus recursos e da minha visão egocêntrica, porém, todo reino possui as suas próprias regras e o Reino de Deus não é diferente, assim, se eu buscava a restauração do amor, só poderia alcançá-la por meio de uma semente da mesma espécie.

Nossa situação tornara-se tão complicada que o nosso pastor, apesar de nos ter encorajado a lutar pela nossa família, esclareceu que tínhamos apenas 1% de chance de permanecer juntos. Penso que, em amor, ele enfatizou a gravidade da crise que estávamos enfrentando para que enxergássemos as consequências das nossas escolhas e cessássemos as atitudes destrutivas, ainda assim, por alguns instantes, aquelas palavras fizeram-me estremecer.

Com a nítida percepção do maior erro que eu havia cometido e determinada a encerrar o ciclo de reações negativas, no qual, ferida, semeei constantemente na carne (Gálatas 6:8), devolvi a Deus o controle da minha vida e submeti-me à Sua vontade, a partir de então, reagi intencionalmente às adversidades e passei a responder em amor cada ataque que recebia. Esta, sem dúvida, foi a melhor semente que lancei, mas também a mais difícil.

Se as sementes são a origem de toda a espécie colheita, eu me aproximava, enfim, do resultado desejado, melhor ainda, à medida que praticava os princípios do Reino de Deus, recebia a cura das minhas emoções e compreendia que a retenção do perdão somente nos aprisiona às feridas que foram abertas durante o processo.

Quando foi a última vez que você abraçou ou expressou amor ao seu marido? Não deixe que as feridas e a falta de perdão a prendam em um ciclo de reações negativas que só aumentam o sofrimento.

Se a mensagem da cruz revela a maior expressão do amor de Deus por nós e ensina que este em nada se relaciona ao merecimento, ame, mesmo que, do seu ponto de vista, não pareça justo.

Aos poucos, eu e Alexandre nos reaproximamos e redescobrimos, do toque das mãos às boas risadas, o quanto era maravilhoso o tempo que passávamos juntos. Ao decidirmos que lutaríamos pela nossa família, restabelecemos o propósito de orar e ler a Bíblia juntos, e Deus, em sua infinita misericórdia, restaurou não só o nosso casamento, mas todas as áreas de nossas vidas, provando-nos que, em Suas mãos, tínhamos 100% de chances de permanecer juntos, pois Ele nos tornara uma só carne, portanto, inseparáveis.

Apesar de ter sofrido, eu não excluiria nenhuma etapa de todo o processo que vivemos, pois amo contemplar tudo o que o Senhor gerou em nossas vidas por meio de cada batalha que enfrentamos. De fato, somos muito mais felizes do que quando nos casamos, o que também proporciona estabilidade emocional aos nossos filhos.

Considerando todas as experiências que tive, enxergo o constante cuidado de Deus. Ele sempre esteve presente, como um pai que percebe que o filho está se distanciando e observa, diligentemente, a distância que ele é capaz de percorrer. Ele nunca tirou os olhos de mim e, embora eu pensasse constantemente em desistir, Ele jamais desistiria de nós.

Da mesma forma, Ele nunca desistiria de você. Seus olhos estão atentos a cada lágrima derramada e a cada noite em claro e, embora as suas emoções lhe impeçam de enxergar o Seu agir, Ele permanece gerando o seu milagre.

Entregue a Ele o controle da sua vida e seja intencional em suas atitudes. Projete, sonhe, selecione e lance suas sementes.

Que Deus a abençoe poderosamente!

REFERÊNCIAS

BÍBLIA Sagrada. São Paulo: Vida, 2003.

“Chaves humanas não destravam portas divinas.”

Pastora Letícia Charone

Luzia Sales

Eu sou Luzia Sales, tenho 46 anos, uma mulher apaixonada por ajudar outras mulheres a encontrarem seu caminho para a felicidade e para o bem-estar. Como psicanalista, mentora e pastora, dedico a vida a guiar pessoas em jornadas de cura interior e crescimento pessoal. Com mais de treze anos de experiência, empreendendo no ramo da beleza e palestrando no projeto Volte a Sonhar, alcancei a vida de mais de oitocentas mulheres, oferecendo-lhes ferramentas para uma vida plena e realizada.

Eu resgatei a identidade de filha de Deus e compreendi quem sou nEle. Só assim pude superar os obstáculos e desafios. Hoje estou aqui para compartilhar um pouco da minha jornada com vocês, espero que esta leitura seja inspiradora.

luziasalles_palestrante

+55 (21) 97062-8160

luziaaraujo03@gmail.com

MINHA JORNADA: CHAMADA PARA ESTE TEMPO

20

Por Luzia Sales

Foi um longo e árduo caminho. Não me tornei o que sou hoje da noite para o dia. Precisei me submeter a um intenso processo de cura, transformação e reposicionamento. Mas em meio às fraquezas, o poder de Deus se aperfeiçoa. "Por isso, por amor de Cristo, regozijo-me nas fraquezas, nos insultos, nas necessidades, nas perseguições e nas angústias, pois quando sou fraco é que sou forte" (2 Coríntios 12:10).

Meu trabalho vai além de técnicas e teorias; é um chamado profundo para apoiar mulheres a redescobrirem sua força interior, superarem desafios e viverem de forma abundante e significativa, conduzindo-as à transformação genuína, baseada em empatia, amor e fé.

Minha vida é testemunho do poder da transformação, sou mãe de duas filhas maravilhosas e esposa de um parceiro incrível. Mas, nem sempre foi assim. Em 2010, passei por uma experiência de muita dor, fruto de uma traição conjugal, que revelou uma força interior que não sabia possuir.

Decidi enfrentar o desafio de salvar meu casamento. Lembro-me das palavras de uma amiga, que disse: "Há um tesouro na dor", e realmente encontrei o meu nesse período difícil. Ao longo do processo, perdoei tanto o meu marido quanto a sua amante e isso foi fundamental para nossa restauração. Aprendi que nos momentos mais sombrios há esperança e chance de nova vida. Tal experiência fez-me crer ainda mais na possibilidade de renovação, não importa quão difícil seja a situação.

Com o tempo, entendi que tudo que passei fazia parte do meu chamado. Hoje, falo sobre cura interior para mulheres e precisei passar pelo meu próprio deserto. Tratar de cura interior está diretamente relacionado às dores que enfrentei. Feridas foram abertas pela traição do meu marido, por coisas que sofri na adolescência, por namoros que não deram certo e pela ausência do meu pai. Tudo isso fez parte do processo de compreensão de que Deus estava no controle.

Quando aceitei a jornada, tudo mudou. Aprendi que, com Deus, tudo fica mais leve. Passei por momentos sombrios, ansiedade e depressão, mas Ele estava no controle de tudo. Uma palavra marcou minha vida nesse período e guiou-me durante todo o processo. Submeti-me a ela e hoje posso compartilhar a experiência por meio de curtas linhas.

> Quando passares pelas águas, eu serei contigo; quando, pelos rios, eles não te submergirão; quando passares pelo fogo, não te queimarás, nem a chama arderá em ti. Porque eu sou o Senhor, teu Deus, o Santo de Israel, o teu Salvador; dei o Egito por teu resgate e a Etiópia e Sebá, por ti. Visto que foste precioso aos meus olhos, digno de honra, e eu te amei, darei homens por ti e os povos, pela tua vida. Não temas, pois, porque sou contigo [...]. (Isaías 43:2-5)

Uma vez curadas, emergimos com a visão renovada de nós mesmas e do mundo. Tornamo-nos agentes de mudança, guiadas por um chamado que não pode ser ignorado. Histórias de superação são como faróis de esperança para os outras, mostrando que, mesmo nos momentos mais sombrios, é possível encontrar a luz e seguir adiante com um propósito novo.

Nada é tão seu quanto seu chamado

Iniciei no mundo da beleza, minha satisfação era ajudar a melhorar a aparência das mulheres. No entanto, ao longo do tempo, percebi que a verdadeira transformação começa de dentro para fora.

A verdadeira beleza vem de uma mente e um coração saudáveis. Aprendi a valorizar práticas como a meditação, a gratidão e o autocuidado, que ajudam a construir uma base sólida de amor-próprio. Hoje em dia, em meu trabalho, integro tais conceitos, oferecendo um espaço onde as clientes possam se embelezar e se reconectar consigo mesmas. "E não vos conformeis com este século, mas transformai-vos pela renovação da vossa mente" (Romanos 12:2). Cura interior é renovação da mente. É cura de feridas emocionais com a conscientização da nossa situação.

Descobrindo a beleza interior

Em 2021, decidi romper com todos meus limites e medos. Ao voltar a estudar e escolher a psicanálise, compreendi a complexidade da mente humana e os processos internos que moldam nossas vidas.

Em mais um passo de fé, iniciei graduação em Psicologia para adquirir ferramentas e aprofundar o conhecimento sobre a psiquê humana e seu comportamento. Essa nova fase permitiu-me oferecer um suporte ainda mais completo e significativo às minhas clientes.

Em 2022, iniciei como terapeuta psicanalista, focada em atender pessoas que enfrentam traumas de infância. Acredito, profundamente, que os adultos que nos tornamos estão diretamente ligados às experiências que vivemos na infância.

"Curar o passado é libertar o futuro: ouse voar". A psicanálise forneceu-me ferramentas para entender as camadas mais profundas da mente humana. Com esse conhecimento pude abordar questões como autoestima, traumas e autoconfiança de forma holística. Em vez de apenas transformar a aparência exterior, passei a ajudar as mulheres a resgatar sua força interior e se reconectar com suas verdadeiras identidades.

Chamado ao pastorado

Minha jornada espiritual também desempenhou papel crucial na minha transformação pessoal. Como pastora, pude oferecer orientação espiritual e apoio emocional às mulheres em busca de um propósito maior. Tal combinação de psicanálise, mentoria e espiritualidade tornou-se a base do meu trabalho.

Tudo começou em 2016, com um projeto chamado Casa de Ester, Casa de Oração. Nasceu no coração de Deus e que encontrou terreno fértil no coração de uma mulher apaixonada por Sua palavra e pelo ministério entre mulheres. Motivada pelo desejo ardente de promover um espaço de adoração, leitura bíblica e oração, reuni outras mulheres que compartilhavam a mesma paixão e propósito. "Quem sabe se não foi para um momento como este que você chegou à posição de rainha?" (Ester 4:14).

Desde sua criação, a *Casa de Ester* tem sido um lugar onde milagres acontecem. As reuniões são marcadas por momentos profundos de oração, busca por discernimento, sabedoria e conhecimento da palavra de Deus. As participantes são encorajadas a descobrir e a cumprir a missão que Deus tem para suas vidas, vivendo de acordo com propósitos divinos.

É mais que um grupo de estudo; é refúgio espiritual onde mulheres se fortalecem mutuamente, crescem em fé e experimentam o mover de Deus em suas vidas.

Lembro-me de quando comecei a me aproximar de Deus, naquela época ainda não O via como meu Pai. Levou tempo até que fosse curada das feridas relacionadas à minha paternidade terrena. Vi que outras mulheres enfrentavam dores semelhantes e, juntas, iniciamos a restauração e cura da paternidade, o que nos permitiu ver Deus como nosso Pai.

É notável como nossa jornada espiritual está ligada à compreensão de Deus como Pai. Experiências com a paternidade terrena influenciam nossa visão de Deus. Leva tempo para desenvolvermos um relacionamento profundo com Deus e entender Sua natureza como um Pai amoroso e cuidadoso. Assim recebemos a cura na paternidade.

É um divisor de águas compreender a origem do nosso Pai, o Deus que nos criou e formou. Hoje, consigo me relacionar com Deus como Pai, que me ama, cuida e me disciplina quando necessário. À medida que continuava a crescer em fé, passei a encontrar restauração em meus relacionamentos terrenos. A conexão com o Pai é a fonte poderosa de conforto e proteção na vida espiritual.

Lembre-se de que Deus é paciente e compreensivo, e Ele está sempre disponível para nós, independentemente de como sua compreensão e relacionamento com Ele evoluem ao longo do tempo.

É essencial que mulheres vivam o propósito de Deus, pois assim se tornam instrumentos de transformação e de esperança em suas comunidades.

Em 2020, iniciei um grupo no Telegram chamado Pão de Diário, no qual convidava amigas a participar. Nesse espaço, a cada dia uma delas compartilhava uma palavra. A intenção era incentivá-las a abraçarem seus chamados. Muitas delas, tímidas, sentiam-se constrangidas e não sabiam qual era seu propósito.

Pedi a cada uma que escrevesse um devocional, uma palavra ou um testemunho e elas perceberam que eram capazes de descobrir seus verdadeiros chamados. Com o tempo, o grupo foi crescendo e hoje somamos 150 mulheres. O exercício de compartilhar e incentivar umas às outras tem sido fundamental para cada uma viver seu propósito em Deus.

Tempo de ressignificar dores

Em 2021, surgiu em meu coração um forte desejo de reunir mulheres ao redor da mesa, dando origem ao projeto Experiência da Mesa. Cada encontro era um momento de compartilhar a palavra, louvor e oração, resultando em um verdadeiro derramar de Deus desde o seu modesto início.

Em 2022, fui convidada para pregar sobre cura interior em várias igrejas, o que me inspirou a concentrar o Experiência da Mesa nesse aspecto. No mesmo ano, lancei o primeiro retiro para mulheres, com o tema "Ouse voar", no qual aproximadamente cinquenta mulheres descobriram seus propósitos, encontraram cura e liberdade para viver aquilo que Deus tinha planejado para elas.

Em 2023, dei início ao Seminário de Cura Interior, com foco em ressignificar nossas dores e em 2024 realizamos a segunda edição do Seminário com o tema "Curando a minha criança interior". É incrível ver como Deus tem usado tais iniciativas para transformar vidas e restaurar corações.

O ano de 2023 foi marcante para mim. Apesar dos desafios em áreas específicas da minha vida, Deus trabalhou profundamente em meu coração e ver tantas mulheres transformadas e curadas foi impactante.

Agradeço a Deus pela oportunidade de falar sobre cura interior, experiência única, extremamente gratificante e transformadora. Após mais de treze anos de experiência, sinto-me verdadeiramente realizada por ter impactado a vida de mais de oitocentas mulheres. Acredito que toda mulher possui dentro de si a capacidade de encontrar sua própria luz e viver uma vida plena e significativa. Este capítulo representa uma extensão do meu compromisso em ajudar outras mulheres a descobrirem seu caminho rumo à felicidade e ao bem-estar. Espero que estas palavras sejam como um farol de esperança e inspiração para todas aquelas que buscam uma transformação positiva em suas vidas.

"Nada é tão seu quanto seu chamado."

Luzia Sales

Malu Navroski

Eu sou Malu Navroski, natural de Serra Negra/SP, resido atualmente em Goiânia/GO com meu marido Raphael Navroski, com quem sou casada há dezesseis anos, minha filha Maria Clara (8 anos) e meu filho João Gabriel (4 anos). Eu sou consultora de imagem há catorze anos, palestrante e mentora de mulheres. Já acumulei mais de vinte mil horas de atendimento.

Contemplo curas de dentro para fora por meio da identidade e da autoestima restauradas. Hoje convicta do meu chamado, impulsiono e equipo mulheres. Já atuei em mais de cinco mil vidas em vários estados do Brasil e no exterior. Sempre me vi em meio a guerras, mas entendi que só se vence batalhas posicionando-se em fé, confiando em Deus e enxergando-se como Ele nos vê!

malunavroski

+55 (62) 99910-7332

malu.navroski@gmail.com

O POSICIONAMENTO DA MULHER DE DEUS

21

Por Malu Navroski

Quando iniciei meu processo de conversão, estive em um encontro com Deus, em que fui marcada com muitas experiências sobrenaturais, porém quero focar em uma para iniciarmos essa caminhada de posicionamento juntas. Depois de três dias imersa em uma chácara, sem comunicação, sem amigas, ou conhecidas, em um estado totalmente diferente, tive um encontro genuíno com Jesus. Ao final da imersão, recebemos uma carta e, lendo-a, senti que cada palavra era para mim, acessei um amor que nunca havia experimentado, foi maravilhoso. Quando em lágrimas estava tomada, uma das pastoras que estava conduzindo o encontro chegou a mim de forma muito leve e mansa e disse: "Tá vendo, filha? No final tudo dá certo...". E eu cessei as lágrimas na hora, olhei no fundo dos olhos dela e só balancei a cabeça em sentido negativo e expressei um uhum... dentro de mim pensei: "Dá certo o quê?! O que tinha de errado? Não vim aqui por querer que desse certo alguma coisa...". A pastora, quando percebeu a minha reação, foi tomada de uma autoridade que hoje sei que é o Espírito Santo, e disse: "Será que você vai deixar?! Será que você vai permitir que Deus aja na sua vida conforme Ele quer?...". Meu Deus, foi uma paulada e tanto! (risos) O encontro inteiro fui ministrada para deixar o controle, vi Deus me livrando de tantas enrascadas e na primeira oportunidade, ainda lá no encontro, ia voltar ao mesmo lugar... mas como Deus é perfeito, levantou uma mulher posicionada, para ser canal de benção na minha vida e fazer as escamas que estavam em meus olhos caírem. Então, como estava, ajoelhei-me, pedi perdão e decidi me posicionar no lugar de dependente.

No instante que fiz o compromisso com Deus, de entregar o controle e não tomar de volta, o Espírito Santo sussurrou em meu ouvido: "Este é o melhor lugar para você estar, de joelhos, prostrada, vulnerável ao único que pode transformar sua vida", então, com o coração grato tive a convicção que o Senhor estava me reposicionando.

Estamos vivendo em uma geração em que as mulheres foram direcionadas a ir para luta sozinhas, a não dependerem de homem, a serem autossuficientes, e isso gerou uma inversão de papéis. Uma geração na qual uma mulher empoderada é a mulher posicionada. Mas, nestas próximas páginas quero falar para você que esse caminho não vai levá-la para longe, assim como está escrito em Provérbios (12:15). Entenda, quanto mais você mergulhar na Presença, mais unção e crescimento você terá. Quanto mais intimidade você gerar com o Espírito Santo mais apoderada você será! "Pois dEle, por Ele e para Ele são todas as coisas. A Ele seja a glória pelos séculos! Amém" (Romanos 11:36).

Eu entendo, diariamente somos bombardeadas com exposições digitais que instigam padrões, passos para alcançar o sucesso, postura que inspire credibilidade, e aqui quero deixar bem claro, quando temos convicção de quem nós somos e para que estamos aqui, naturalmente, assumimos o posicionamento de uma pessoa segura e pronta para o próximo nível. E aí está a chave para passar com leveza cada fase, se quisermos pular de nível sem passar pelo processo. Podemos chegar sem a chave para abrir a porta do próximo nível, e aí minha irmã, não vai adiantar ter matado o chefão, porque você não está equipada, não está autorizada e, então, entrará em uma cilada do inimigo que se chama frustração. Ah! quantas vezes cheguei a esse estado e não entendia por que acontecia comigo dessa forma, já que fiz todo passo a passo certinho... Com o tempo de leitura da Palavra, devocional, jejum e oração essa pergunta foi respondida a ponto de não ter mais nenhuma dúvida ou acusação. Sobre isso, quero compartilhar com você, em Gênesis (33-12:14), Jacó nos ensina que existe um ritmo certo para cada uma de nós, para cada casa e não devemos sacrificar um aos outros, para "parecer" aos de fora. Creia o que é seu está guardado, entregue o comando ao Senhor da sua vida, pois Ele é fiel e Ele não falha!

Em 1Samuel (16) entendemos que, por mais que tentem nos esconder ou nos rotular de alguma forma, o Senhor vê nossos corações, Ele sabe nossa real identidade, a Ele pertence nosso projeto original, por isso, quanto mais próxima dos pés dEle você estiver, mais posicionada você estará, mais segura e confiante você estará, mais disposta e equipada você estará... Ainda assim, preciso alertá-la para que não chegue a este lugar querendo apenas o que Ele pode lhe dar, entregue-se sem reservas, quebre aos pés dEle o que tem de mais precioso, assim como Maria em João (12:3), dê seu coração a Ele. Peça, nesse momento, para que queime em seu coração somente o que o Senhor tem para você. E que toda comparação, todo desalinhamento do projeto original seja agora cancelado. Diga: Eu creio que só Jesus pode restaurar minha essência, diga Espírito Santo tens liberdade em meu ser, leve-me ao rumo do meu propósito, ative minha autoridade de filha amada pelo poder que há no nome de Jesus.

Quero aqui falar de uma mulher que sempre me ensina, e seu nome se encontra nas Escrituras Sagradas, em Juízes (4 e 5), pois creio que o desejo do coração do Senhor para este tempo é levantar as Déboras e lançá-las às nações. O que mais aprendo com essa mulher é que, mesmo ocupando o mais alto cargo da nação, o único título que ela queria era o de mãe. Eu não sei se você já é mãe ou se ainda não gerou, mas se Deus a fez mulher, Ele tem em Seus planos gerar algo muito importante por meio de você. Agora, não negue ajuda a ninguém, pois Deus lhe fez ajudadora, fez-lhe auxiliadora, esse é seu lugar, retome seu território, pois essa é a sua posição. Só uma mãe, cheia de amor em seu coração, cheia de palavras de sabedoria é capaz de reavivar valores perdidos de uma cultura hedonista.

Em meus anos de atendimento, vi mulheres que se diziam poderosas, cansadas, exaustas, por fazer o que seus maridos tinham que fazer e por murmurar que esses homens não faziam, ou se vitimizar pelo fato de muita concorrência e pouco homem; chegavam sem identidade, com a autoestima e a crença na capacidade de dar certo completamente comprometida. Quando eu fazia uma simples pergunta a elas, relacionada com sua raiz, seu ser, travavam, pois assim que tiravam seus rótulos, elas não se enxergavam mais e começava uma gagueira sem fim, ou um silêncio que chegava a pesar o ambiente.

Faço hoje essa pergunta a você, o que é ser mulher para você? Entenda, eu não quero expô-la, mas quero que perceba que fomos limitadas pelos padrões do mundo em nossa feminilidade. Agora, se você entender como você foi amada pelo Senhor, que deu seu próprio Filho em sacrifício por você, vai ter convicção do amor que deve transbordar; e que nenhum sacrifício pela sua família em amor, vai ser muito, nenhuma tarefa vai cansá-la e nenhuma renúncia vai mais a desvalorizar, nada mais descredibiliza sua posição, pois você nasceu parar gerar! Perceba, a maioria do nosso sofrimento vem da falta de posicionamento em obediência ao propósito de Deus. Por isso, convido você a mergulhar neste universo feminino e entender o que é ser uma mulher obediente e bem posicionada.

Sim, nossa identidade sofre influências de nossos pais, das pessoas com que convivemos, do local onde moramos, da nossa busca por autoconhecimento e desenvolvimento pessoal, mas só temos realmente dimensão de quem somos quando entendemos o significado de ser imagem e semelhança, de ser obra de Deus. Vejo hoje, mais madura, que Deus foi forjando meu caráter a partir das guerras que travei, nas quais minhas reações foram medidas com a régua dEle como em Ezequiel (47), para me mostrar que já não agia mais como gostaria, não agia mais sobre a minha vontade, e sim sobre princípios. Então entendi que foram esses momentos em que minha identidade em Cristo Jesus me levava a lugares mais altos e, o que vinha até então para me paralisar, Deus usava para me impulsionar. Ah! Eu entendi que a minha maior guerra não é contra o mundo e sim na minha mente, eu comigo mesma. Mas, quando me conecto com a identidade do meu Papai, quando me vejo como a menina dos olhos dEle, sinto-me abençoada e ganho forças para prosperar em todas as áreas da minha vida e como mãe, consigo liberar esse amor transbordando em benção no equilíbrio da minha casa, gerando identidade e destino para meus filhos, facilitando o processo deles de se posicionarem e se sentirem vencedores. Você, mulher, geradora, também tem esse chamado, de influenciar sua casa e gerar um ambiente de amor, de acolhimento, de excelência, de obediência e temor a Deus.

É, eu tive que entregar a minha régua para Ele, o Todo Poderoso, a régua do meu mínimo, sabe o mínimo que eu precisava para ser feliz, do que para mim era aceitável, tive que entregar o padrão da minha casa, o modelo do meu carro, tive que sair totalmente do molde que aprendi ser certo, ao qual sempre fui direcionada, e aprender a confiar nEle, mesmo que meus olhos naturais não estejam vendo nada, mesmo que não tenha nenhum sinal e nenhum resultado, eu continuo firme, perseverante e espalhando honra e amor, pois finalmente entendi que nada é por merecimento, então eu decido confiar na promessa e me posicionar em dependência para alcançar o alvo que é Cristo. Escolho ter uma vida que glorifica o Senhor e esse deve ser o seu maior desejo. Talvez você esteja a tal ponto de querer desistir do lugar e da posição que Deus lhe deu, por conta dos gigantes que aparecem, e minha palavra para você neste momento é: Resista! Confie... ao tomar posse do que Deus lhe deu, Ele dará a você estratégias para vencer esse gigante, assim como fez para Davi (1 Samuel 17). Creia, o Espírito Santo está pronto para capacitá-la a esta nova estação e fazer você vencer esta guerra. Vá aliançada com Deus, convicta da vitória.

Seja aquela mulher que acorda dizendo "Bom dia, Espírito Santo!", que ora, medita na palavra, encara o espelho e se vê como uma favorecida, que tem gratidão na alma e segue as direções de Deus, espalhando honra e amor. Aquela que, quando sai, o inferno estremece porque conhecem sua luz e sabem que Deus é contigo!

Que este seja o início de uma nova estação, na qual você entende quem é. Acesse o amor do seu Pai que está no céu e derrame esse amor, priorizando o que Ele pede para priorizar, e aqui enfatizo para ficar bem claro, você só será boa e reconhecida fora, quando for boa dentro, começando dentro de você e derramando no seu lar! Que, hoje, este entendimento chegue ao seu coração, posicione-se como uma mulher de Deus, em nome de Jesus!

REFERÊNCIA

BÍBLIA Sagrada. Nova Versão Internacional. Revista e atualizada no Brasil. 2. ed. São Paulo: Sociedade Bíblica do Brasil, 2000.

"A maioria do sofrimento vem da falta de posicionamento em obediência ao propósito de Deus."

Malu Navroski

Marcela Germano

Eu sou Marcela Germano, tenho 28 anos e moro em Curitiba/PR, sou modelo há treze anos, Miss Paraná 2022 e, atualmente, influenciadora digital. Sou fundadora do canal Orvalho Feminino, no qual busco, por meio do meu ministério, auxiliar mulheres que querem ouvir mais de Deus e despertar seu feminino. Nas minhas redes sociais abordo sobre moda, humor gospel e feminilidade, englobando relacionamento cristão.

Sempre fui muito sonhadora, mesmo o mundo dizendo que eu não conseguiria. Movida a desafios e a novos projetos, sempre estou em busca da minha evolução. Desde muito nova sonho em construir minha família e me tornar mãe, acredito que será um marco em minha vida e que terei o prazer de compartilhar tudo isso nas minhas redes sociais.

Acesse o canal Orvalho Feminino.

magermano

DE FERIDA A VIRTUOSA: UMA VIDA TRANSFORMADA

22

Por Marcela Germano

Nascida em uma família católica tradicional, sendo a primeira filha, cresci com os pais separados. Aos seis anos de idade, tive que lidar com a separação dos meus pais, pois, muitas vezes, mesmo pequena, quem dava suporte para a minha mãe era eu. Tive que amadurecer e crescer de uma forma rápida. Mesmo meu pai não morando mais conosco, continuei tendo vínculo com ele, sempre o visitando e o tendo por perto. Quem sabe, esse era o início de um fortalecimento de Deus em mim, vivenciando discussões, tendo que ser forte e amar os dois lados conflituosos que eu vivia.

Desde minha infância, cresci lidando com as adversidades da vida, filha de uma mãe solteira, estudei em um colégio onde minha mãe trabalhava. Muito nova e com a essência de menina, demorei a enxergar o mundo com a malícia que as meninas da minha idade enxergavam, não sabia cuidar da minha beleza, pois ainda tinha meus trejeitos de menina, e demorei para acompanhar minha puberdade.

Alta e magrela, usava aparelho e tinha acnes no rosto, de fato acabei também demorando para desenvolver meu corpo como as meninas da minha turma. Talvez você já saiba aonde vou chegar: sim, sofri muito bullying na minha infância, a menina que todo mundo menosprezava e da qual todos "tiravam sarro", a menina de que os garotos fugiam e as meninas debochavam, essa era eu, na faixa dos 12 anos. Digo a você que essa fase da minha vida durou até por volta dos 16 anos. Menina, com os pais separados, no auge na pré-adolescência, sofrendo com a maldade daqueles que me rodeavam. Isso me fez crescer insegura, com medo, querendo agradar a todos aqueles que estavam ao meu redor, querendo aprovação da minha identidade, contudo, isso nunca me fez perder minha a essência e meu olhar de amor para com o próximo. Com o tempo, isso foi gerando vários problemas de autoestima, mesmo eu me tornando modelo aos quinze anos de idade, sempre foi uma insegurança gigantesca dentro de mim. Cresci uma mulher insegura, uma mulher que achava que não seria alguém importante, uma mulher que temia em dizer não ou contrariar qualquer pessoa, afinal eu precisava ser aceita aonde eu estivesse.

O resultado disso foi me jogar no mundo, adaptar-me nos padrões que o mundo me oferecia. Porém, desde muito nova, eu tinha uma ligação muito forte com Deus, mesmo sendo de uma família supercatólica, eu já era devota apenas a Jesus. Nessa minha caminhada, consegui enxergar muitas vezes o cuidado de Deus na minha vida; por muitas vezes, um sentimento de pertencimento e de que um dia Deus transformaria minha história era muito grande. Passei por muitas provações no decorrer do meu amadurecimento, acabei entrando num relacionamento em que tive a oportunidade de conhecer Jesus, e minha chave foi virada ali.

Minha conversão foi aos dezoito anos, por muito tempo ali me rendi e me entreguei para Deus, pude experimentar de algo que nunca havia experimentado. Um amor sincero e genuíno, um amor em que eu não precisaria ser quem eu não era para ser aceita, um amor que me olhou com os olhos daquela menina aos seis anos. Após romper esse relacionamento que havia me apresentado Jesus, acabei me perdendo e me afastado do Senhor por um breve período, mas a famosa frase "quem já pisou nos Santos dos Santos, em outro lugar não sabe viver" é a mais pura realidade, via-me perdida e sabia que qualquer coisa no mundo não me preencheria. Deus mais uma vez me buscou e me restaurou. Mas não somente isso, Ele mudou minha unção e maturidade espiritual quando voltei aos caminhos do Pai. Depois de quase sete anos de conversão, perguntava tanto para Deus qual seria meu chamado que, naquele momento, em 2023, Ele me deu a direção. Após ser curada de todas as minhas feridas do passado, de ser restaurada, eu me tornei uma mulher de oração, entendi que minha ferramenta mais poderosa seria dobrar meus joelhos.

Comecei a orar pela minha família, comecei a pedir para que Deus visitasse meu pai, que estava há quatro anos sem falar comigo por causa da minha conversão, orei sabendo que o Todo Poderoso faria o impossível acontecer. Nosso primeiro chamado é o ide e pregai o evangelho, apresentar Jesus e fazer discípulos no nome dEle. Depois de muitos anos e choros na presença de Deus, em 2023 meu pai aceitou Jesus.

Ali eu entendi que não era apenas uma menina do Senhor, Deus estava me chamando para curar pessoas feridas, mostrar a fonte de vida eterna que me salvou. Deus me deu visões com o meu segundo chamado, chamado com mulheres. Mulheres feriram-me no passado, e homens rejeitaram-me, porém, nada como um testemunho de cura para curar outras feridas... Esse meu chamado começou a queimar, comecei a primeiro entender como eu deveria me restaurar, achar os caminhos e guiar mulheres por eles. Deus começou a mover mulheres no meu caminho, geralmente aquelas que sofriam com autoestima ou até mesmo as que estavam sofrendo por causa deum relacionamento. Comecei a entender as dores que nós mulheres carregamos, comecei a estudar mais a fundo a feminilidade cristã, a forma que Deus nos vê e quer que nós sejamos.

O mundo nos tornou "homens", somos cobradas a sermos fortes o tempo todo, muitas vezes acabamos exalando muito mais a energia masculina do que a feminina, porque queremos nos proteger e porque o mundo está tão invertido, que começamos a aprender que o certo era resolver tudo com as nossas próprias mãos. Sinto-me inspirada não somente em curar mulheres, mas a reascender a feminilidade que Deus colocou dentro de nós: a essência da matriarca dentro de um casamento, a doçura de uma mulher virtuosa e a raridade dos olhos de Deus. Quando entendi que meus mecanismos de defesa eram de energia masculina, e que eu só atrairia homens que não me olhariam como princesa de Deus, tudo começou a mudar. Enxerguei que minha identidade estava sendo reestabelecida pelo Reino, e que Deus estava me moldando da forma que Ele gostaria que eu fosse. Da mulher que sempre estava na defensiva, que era autoritária, passei a ser uma mulher doce e suave.

Comecei a entender que o mundo precisa da beleza feminina, e não estou me referindo ao lado estético, mas sim ao amor de que o mundo carece. Uma coisa que eu gostaria que você guardasse no seu coração, cara leitora, é que o amor é a melhor arma para constranger o mal. Todas as vezes que você quiser revidar na mesma moeda ou querer ser superior, você viverá em constante fracasso. Mas todas as vezes em que você enfrentar qualquer adversidade com um inimigo, e você lidar com amor e doçura, verá uma rápida transformação em ambientes. Verá pessoas se entregando para Jesus, verá pessoas se constrangendo com o mal que fizeram a você, e até mesmo serão despertadas a amar também. O primeiro passo é entender que todas as injustiças que enfrentamos são causas ganhas na mão de Deus, Ele jamais lhe desamparará, e inclusive, usará da sua dor para gerar testemunhos que curam pessoas.

A menina de seis anos de idade, que sofreu com a separação dos pais e que, posteriormente, veio a sofrer *bullying* na adolescência, que ouviu que nunca seria ninguém, hoje carrega o título de Miss Paraná 2022, influenciadora digital, coautora de um livro, modelo há 13 anos e foi transformada por Jesus, ela quer lhe provar que nada do que você passou definirá sua história lá na frente. Esses meus "títulos", que mencionei, na verdade para mim não significam nada, muitos deles, na verdade, conquistei porque queria aprovação de alguma forma. Mas se tem algo em que eu posso olhar para trás e me orgulhar é de que eu nunca desisti, de que mesmo com minhas dores, elas não definiram o que eu me tornaria. Deus encontrou em mim um coração disponível para fazer morada, e que eu estava disposta a ser transformada pelo maior Autor de nossas vidas. Entendi que minha identidade não era aquilo que diziam sobre mim, mas que minha identidade era de filha amada, herdeira do Reino dos céus. Eu encontrei um Justificador para as minhas dores, meu Auxiliador para a minha caminhada e meu Salvador que me ama da forma mais pura e genuína que um dia alguém poderia me amar.

A chave da sua transformação está nEle, e é partindo da sua busca por querer ser quem Ele a chamou para ser que se determinará a mulher que você será. O que eu quero dizer com tudo isso? O que estou relatando com a minha história de vida é que não importa o que fizeram a você ou falaram sobre você, não estamos no mundo para aprovação de homens, mas sim, dAquele que a criou. Deus não olha você da mesma ótica humana, Deus a vê por meio do seu coração, da sua essência. Como ele está hoje? Costumo dizer no meu Instagram que muitas pessoas estão longe de receber Sua bênção, porque para receber, você precisa estar pronta e, para estar pronta, você precisa estar curada.

Feridas e traumas a farão perder preciosidades de Deus, mas a cura a fará frutificar vida por onde houve fracasso. Uma pequena analogia sobre essa reflexão pode ser feita sobre mulheres traumatizadas em relacionamentos passados, que não curam suas feridas e acabam refletindo isso em relacionamentos futuros. Desconfianças e medos geram relacionamentos frustados. Mas aquela mulher que, mesmo após tudo que passou e sofreu, decidiu ser curada, decidiu confiar e acreditar que Deus pode mudar realidades, saberá construir um relacionamento fundamentado em Cristo, mas não somente isso, dar-se-á a oportunidade de se sentir amada, sem medo e feridas.

Meu desejo hoje é que você encontre a sua essência e sua identidade em Cristo, pois por meio delas você será inabalável, saberá o quão amada você é. Desperte sua feminilidade, uma mulher virtuosa não transforma somente sua família, mas desperta ambientes da graça. Mas, se você não sabe como começar a buscar essa feminilidade, convido você a se conectar comigo nas redes sociais, fazer parte do nosso canal Orvalho Feminino e não transformar somente sua vida, mas a de todos à sua volta.

“Uma mulher virtuosa não transforma somente sua família, mas desperta ambientes da graça.”

Marcela Germano

Milcia Gomes

Eu sou a Milcia Soares A. Gomes, filha amada do Aba Pai, angolana, casada há treze anos com o amor da minha vida, o Sr. Paulo Gomes, sou mãe do Tiago, da Itiel e do Eliel Gomes. Formada em Engenharia de Informática, atualmente mentora cristã, atuando em áreas como casamento, identidade e propósitos, tudo à luz da Palavra, conciliando com técnicas e ferramentas para o desenvolvimento pessoal. Representante do projeto Entre Elas Fazendo História, em Angola. Escritora e coordenadora da Editora Digital Somar em Redes, futuramente CEO do escritório de mentoria Metamorfose, que cuida do corpo, alma e espírito da mulher.

Meu maior desejo é poder ajudar todas as mulheres que o Senhor já separou para serem alcançadas por meio do meu testemunho vivo.

milciagomes

Milcia Gomes

+244 915 329 608

MULHERES COM UM CHAMADO

MEU PROCESSO, MEU APRENDIZADO, MINHA CURA

23

Por Milcia Gomes

Eu sou herdeira do maior amor que existe, muito apaixonada por Jesus, por todo o processo e as experiências vividas com Deus no decorrer da minha vida. Sou sanguínea, com certas características fleumáticas, filha de Pedro Domingos, Rosa Manuel e de Suzana Miguel.

Desde que me conheço como gente, sempre senti o favor de Deus sobre a minha vida, mesmo não O conhecendo como O conheço hoje, ainda vivendo uma religiosidade totalmente deturpada daquilo que é o Evangelho na sua verdadeira essência. Com muitas crenças limitantes e com várias feridas emocionais, sempre tive Deus como o meu suporte, refrigério, consolo e refúgio. Cresci vendo a minha mãe prostrada ao Senhor em oração, clamando com convicção e fé, depositando toda a confiança em Deus, foi a partir deste momento que foram criadas as bases e as raízes para o meu processo com Deus.

Nasci de uma família disfuncional, meus pais separaram-se eu ainda pequena, nem sequer tenho memória dessa época, não tive a oportunidade de conviver com eles como uma família comum. Vivi com a minha mãe e com o meu irmão, Milton António, durante toda a minha infância, e tínhamos as visitas frequentes do meu pai, mas sempre senti falta de ter uma família completa em tempo integral.

Aos doze anos de idade fui viver com o meu pai, nesta altura já era casado com a minha madrasta — hoje a tenho como uma mãe — encontrando uma nova rotina, novas regras, nova escola etc., tendo apenas alguns finais de semana com a minha mãe biológica.

Mesmo me sentindo muito amada pelos meus pais, sempre senti um vazio dentro de mim que não entendia e não sabia explicar. Depois de três anos, minha mãe foi acometida por uma enfermidade que a deixou muito debilitada, nesta altura eu me mudei e fui viver com ela. Passei a cuidá-la. A vida ensinou- me a crescer; vivemos momentos de muita agonia juntas, tinha dias que ela se despedia de mim, contando que morreria. Lembro-me de momentos em que nos abraçávamos e chorávamos juntas, durante as madrugadas, esperando que ela sucumbisse, pois ambas tínhamos medo que a morte chegasse naquele instante. O choro durava a noite toda, e a esperança nascia em nossos corações com o amanhecer. Vivendo um dia de cada vez, buscando no Senhor um milagre, pois os médicos não podiam fazer nada, o organismo dela tinha reagir por si só. Também conversamos muito, minha mãe me preparava para a vida, instruindo-me como resolver certos assuntos depois que ela morresse, mas o nosso Deus é especialista em nos surpreender.

Neste tempo, a minha mãe buscava ao Senhor sem sessar, orávamos juntas e fui aprendendo e firmando a minha fé em Cristo. Sempre vi minha mãe dobrando os joelhos, intercedendo pelos filhos, dessa forma, ela me apresentou o Deus que ela buscava. Eu vi esse mesmo Deus restaurando a saúde e a vida dela. Para honra e glória do nosso Deus, ela vive com muita gratidão! O Senhor está acima de tudo e de todos, Ele é o Jeová Rafah.

Voltei a morar com o meu pai e com minha outra mãe até me casar, agradeço por todo aprendizado, paciência, dedicação que sempre tiveram conosco. Hoje sou uma excelente dona de casa porque um dia recebi a instrução de todos vocês. Mesmo me casando com o amor da minha vida, nosso casamento começou mal, o nosso primogênito foi gerado antes do matrimônio e meu pai não tinha um relacionamento amigável com o meu esposo. Na semana em que nos casamos, fui internada com o meu filho, tendo alta médica numa quinta à noite (para casarmos na sexta). Além disso, perdemos uma tia, muito amada, em um acidente de carro, saindo na festa do nosso casamento. No mesmo ano, voltei a engravidar, dei à luz a uma princesa linda, depois de dezoito dias de muita luta, a perdemos também, e como se não bastasse, depositei todas as minhas espectativas em meu esposo, achando que ele preencheria todo vazio e as feridas que eu carregava desde a minha infância até a fase adulta, desse modo, adquiri uma dependência emocional muito grande.

Quando nos desentendíamos, era horrível para mim, comecei, então, a enxergar os defeitos dele. Faltava-me compreender que ele também vinha de uma família disfuncional, com muitas feridas emocionais de paternidade, rejeição e abandono. Os pais dele se separam quando ele tinha apenas três meses no ventre da mãe. Cresceu com muitos conceitos distorcidos sobre o que é ser um de chefe de família.

Pessoas feridas ferem, só podemos dar o que temos, e eu desejando que ele me amasse como Cristo amou a igreja, sem que ele conhecesse este amor. Na verdade, nem eu conhecia, vivíamos com papéis invertidos dentro de casa, crescemos em lares disfuncionais, e consequentemente, brigas frequentes e desentendimentos desnecessários, éramos duas vítimas dentro de casa.

Eu sempre frequentei a igreja, conhecia Cristo, mas eu tinha muitas feridas emocionais não curadas que me impossibilitavam ter uma vida espiritual saudável, vivendo uma espiritualidade totalmente imatura, e quando tudo que vemos é a nossa dor, não enxergamos o Cristo que vive em nós. O meu foco com Deus eram as coisas que diziam respeito a mim. Muitas vezes, as minhas orações eram voltadas ao meu esposo, pedindo que o Senhor o mudasse, moldando o coração, forjando o seu caráter, transformando a vida dele por completo, como se ele fosse o único que precisasse dessa transformação.

Achava-me a perfeita da relação, a que não tinha falhas. Aos olhos humanos eu era uma boa esposa e uma excelente mãe para os nossos filhos. Nós dois sabíamos disso, sempre fiz questão de exercer o meu papel de esposa e mãe de uma maneira assertiva. Mas o Senhor queria era mesmo trabalhar em mim, curar as minhas feridas e preencher todo o vazio, para então viver o extraordinário dEle. Chegou uma fase que pensei em desistir do casamento, não aguentava mais, eram muitas brigas desnecessárias, muita indiferença, muita humilhação. Mas, ao mesmo tempo, eu não queria que os nossos filhos passassem por um processo de separação dos pais, pois eu sabia, na pele, o que era ter pais separados. Nesse momento, fui buscando mais em Deus, tentando entender o que Ele queria que eu fizesse. Prostrei-me ao Senhor de corpo e alma, pois já não sabia o que fazer diante dos problemas, passei a ouvir mais de Deus, recebendo o discernimento de que seria pela minha mudança e transformação que meu esposo seria alcançado: admitindo os meus erros.

Posicionando-me de uma maneira diferente diante dos defeitos e erros dele, apresentava o Cristo pelo meu comportamento, pois a Bíblia diz que a mulher crente santifica o marido descrente, e o ganha sem palavras. Percebi, então, que ele ficava totalmente desapontado quando eu o abordava mostrando os defeitos dele, era como se ele não fizesse nada que prestasse. Assim, eu o impulsionei a se conformar com a situação, adquirindo "síndrome de Gabriela": "eu sou assim, eu nasci assim" e "não tem nada que eu possa fazer para melhorar", afirmando para mim que ele não era obrigado a melhorar por minha causa, e que, se não estivesse disposta aceitá-lo como ele era, que eu pedisse o divórcio.

Eu, chorando aos pés de Deus, não sabia o que fazer. O Senhor me dizia apenas para amá-lo com todos os defeitos, que me doasse mais para ele sem esperar nada em troca, assim como Ele me ama, assim como Ele entregou O Seu Filho por mim. Mesmo sem merecer. Deus me questionou: "Por que você acha que deve amar as pessoas por merecimento? Não é desse jeito que eu a vejo. Seu esposo vai Me conhecer diante da sua atitude para com ele". Senti um constrangimento tão grande! Eu só chorava e clamava por misericórdia e perdão, percebi que eu precisava conhecer mais de Deus, ter um relacionamento profundo, com intimidade, pois O conhecia só no superficial. Mudei a minha oração, já não era pelo meu marido, era sobre mim, e por tudo que o Senhor já havia feito por mim na cruz de calvário. Pedi para o Senhor moldar o meu coração, transformar a minha vida, tirar toda a vanglória, todo o orgulho, fazendo de mim um vaso novo, cheia do seu azeite, ensinando-me a amar com o amor dEle, e a perdoar como o Seu perdão, fazendo de mim uma pessoa melhor. Reconheci que eu precisava de Deus acima de todas as coisas, mais que o ar que respirava. Entreguei-me de corpo e alma, e quanto mais O buscava, mais O conhecia, e quanto mais O conhecia, mais me apaixonava e me entregava a Ele. Anseava estar aos pés dEle, não existe Evangelho sem olhar para cruz, ela mostra o quanto o Senhor nos ama, e como devemos amar.

Foi lendo e meditando sobre 1 Coríntios (13) que abri os meus olhos, entendi que não sabia o que era amor, todo meu conceito sobre amor era totalmente distorcido da verdade de Cristo. Somos imitadores de Cristo. Descobri minha identidade meditando em Efésios, não aceitava mais viver de qualquer jeito, de migalhas de quem também não aprendeu a amar. Eu sou escolhida, separada, remida pelo sague do Cordeiro, predestinada por Deus, para viver tudo aquilo que Ele já escreveu sobre mim, ainda quando eu estava no ventre da minha mãe. Eu sou filha amada querida e graciosa dAquele que criou todas as coisas, o dono do ouro e da prata, eu tenho muito valor, Jesus me comprou por um preço muito alto.

Esse amor transformou a minha vida por inteiro, assim como o apóstolo Paulo, o espinho não me foi tirado da carne, mas aprendi que a graça de Deus me bastava, eu aprendi a viver contente em qualquer situação, aprendi que a minha alegria vem do Senhor. Aprendi a amar as pessoas não pelo que fazem ou falam, mas pelo amor incondicional de Cristo. Tudo começou dentro da minha casa, pedi perdão aos meus filhos e ao meu esposo, por todas as vezes que fui egoísta, rude, impaciente e não os amei como Deus me tinha ordenado, por todas as vezes que o meu comportamento não foi digno de uma mulher que busca por Deus. Pedi perdão ao meu pai por todas as vezes em que o meu comportamento para com ele não foi de honra, pedi perdão a todas as pessoas que, direta ou indiretamente, feri quando estava ferida.

Segui a minha jornada com Cristo carregando a minha cruz, não é fácil, mas é leve e suave. Hoje, meu marido é completamente diferente do que era, um pai melhor para os nossos filhos, um genro que dispensa elogios, meu melhor amigo, depois de Cristo, o amor da minha vida.

Depois de dez anos de casados, voltamos a nos casar pela segunda vez, mas desta vez na lei de Deus e O tendo no centro de tudo. O Senhor me fez voltar ao passado e a entender que Ele estava restaurando tudo a partir do novo casamento, e que a bênção da segunda casa seria melhor que a da primeira. Deus pegou toda minha história e usou como matéria-prima para o meu propósito, sem dispensar nem um detalhe. As minhas maiores feridas foram curadas para servirem de bálsamo para aqueles que precisam. Hoje, ajudo mulheres que estão enfrentado crises no casamento, mulheres que desconhecem a sua identidade e seus propósitos em Deus. Fui curada para curar.

"Não existe Evangelho sem olhar para cruz, ela mostra o quanto o Senhor nos ama e como devemos amar."

Milcia Gomes

Bispa Natália Vieira

Sou Natália Vieira, natural de São Bernardo do Campo/SP, porém Jesus me trouxe para Bragança Paulista/SP, onde me casei e resido. Casada há dezesseis anos com um marido maravilhoso, temos três filhos. Sempre fui esposa e mãe em tempo integral e amo isso. Seguidora de Jesus apaixonada, alegre e divertida, independentemente das circunstâncias. Amo café e viajar pelas estradas do interior, onde avisto a perfeição das paisagens criadas pelo Altíssimo.

Sou bispa em minha igreja local, onde pastoreio o coração de mulheres, pastoras e líderes. O meu propósito é levantar e restaurar mulheres e suas famílias. Idealizadora do Projeto Abigail, no qual, além de cuidar de alguns corações, capacito mulheres ao seu chamado.

bispanaahvieira

m.a.vivaemcristo

+55 (11) 99195-8460

nataliavieira2908@gmail.com

MULHERES COM UM CHAMADO

DA REJEIÇÃO AO CHAMADO

24

Por Bispa Natália Vieira

Eu tinha treze anos quando o Senhor me chamou. Meu pai, por meio do seu trabalho, conheceu um casal de pastores, muito inteligentes, que o levou a Cristo e eu, claro, sempre estava junto a ele. Ainda sem o conhecimento da Palavra de Deus, comecei a me envolver nas atividades da igreja na época: louvor, teatro, crianças, sempre muito dedicada. Porém, situações logo aconteceram, feridas abriram-se e eu me fechei.

Não imaginava que a minha história como mulher começaria tão cedo! Alguns anos se passaram e, ainda com dezesseis anos, apaixonei-me por um jovem muito lindo, diácono, filho de pastor e também muito dedicado na casa do Senhor. Não demorou muito para casarmos. Nesse momento, eu já estava no lugar onde Deus queria que eu estivesse. Saí da casa dos meus pais em Santo André e fui morar em Bragança Paulista. Em princípio, um lugar onde não conhecia ninguém, senti-me sozinha. Eu tinha dezessete anos! Mas calma, essa não é uma história trágica de um casamento que não deu certo. Estamos casados até hoje e nossos filhos são lindos. Ele continua dedicado à casa do Senhor, pastoreando com muita alegria os irmãos e irmãs da nossa comunidade e igreja local.

Após nosso casamento, três meses depois, recebemos a linda notícia de que estávamos grávidos. João Pedro veio ao mundo! As pessoas à nossa volta teriam comemorado mais se eu não tivesse dezoito anos, foi claro como não estavam tão felizes. Depois, aos vinte, o Gabriel chegou e aos vinte e quatro, Sophia estava em meus braços. Passei o início da minha juventude gerando e criando filhos.

Enquanto tudo isso acontecia, eu tentava me envolver com o ministério de louvor, teatro e infantil. Um ciclo repetia-se. Pessoas feriram-me novamente e, claro, eu feria pessoas também, pois como meu saudoso sogro, apóstolo Vieira, dizia: "Os feridos ferem, os sarados curam!" Era como andar em círculos.

Eu não tinha maturidade para tudo que havia acontecido em minha vida até então. Uma jovem, com três filhos, sem seus pais para apontar o caminho. Sozinha, sem rede de apoio para lidar com um casamento, crianças e um sentimento de rejeição terrível em meu peito. Eu estava desolada, depressiva e ansiosa. Encontrava-me bipolar e as pessoas que mais sofriam eram as que eu mais amava: meu marido e meus filhos. Encontrei-me sem razão para viver, porque tudo o que eu mais queria era que eles tivessem boas recordações da nossa família e eu estava colocando tudo a perder.

A rejeição era uma companheira de longa data. Desde muito nova me sentia rejeitada pelas pessoas, por meus pais e por crianças, eu vivia isolada. Era de muita alegria, mesmo diante dessas circunstâncias. Meus pais sempre fizeram o que podiam. Acredito que eles nem sabiam da minha dor, pois me lembro de sorrir muito. Sempre fui positiva desde pequena, e talvez isso faça parte do meu DNA, quase impossível de ser tirado de mim. Não parei! Andava sangrando cheia de feridas, mas com um sorriso no rosto.

Passei oito anos questionando a Ele: "Meu Deus, por que tanta dor?". Não conseguia enxergar um palmo à minha frente, passava noites em claro, chegava a dormir chorando, eu estava perdendo as esperanças, caminhando em meio à ansiedade e à depressão, com um peso enorme que pessoas colocavam em meus ombros, sobre quem eu deveria ser e como deveria agir. Foram anos de projetos iniciados sem conclusão, pois em cada momento eu queria ser alguém diferente, pois muitos talentos me foram atribuídos, e eu não chegava com algo até o fim. O brilho no olhar foi se apagando, fui me perdendo por dentro, mas ainda sorria para mascarar toda a dor. Quase perdi meu casamento, meus filhos e um futuro maravilhoso. Tentei suicídio!

Meu marido sempre foi meu porto seguro e meu amigo. Ele topava todas a minhas maluquices na pedagogia, na confeitaria, decoração de interiores, no artesanato, na organização e até na administração. Todos cursos inacabados! Ele me inspirou a continuar, a não desistir e a permanecer. Esteve ao meu lado todas as vezes em que caí, que me prostrei, que chorei, que me senti sozinha. Era o meu marido que me ajudava a juntar meus caquinhos. Um homem de Deus, a quem muitas vezes não ouvi. Ele estava lá! E Deus o usou para me levantar toda as vezes!

Mal sabia eu que absolutamente todo esse processo era Deus moldando a minha história e o meu chamado. Sua Palavra diz, em Romanos (8:28): "E sabemos que Deus faz todas as coisas cooperarem para o bem daqueles que o amam e que são chamados de acordo com o seu propósito". Não existe lugar onde nós possamos nos esconder em nossas vidas. Pude perceber isso quando meu casamento estava por um fio. Estava completamente distraída e distante do Senhor. Havia um lugar, onde de fato, eu não tinha me colocado de todo o coração, mesmo com tantos anos de caminhada com Cristo. Esse lugar era o centro da vontade dEle, aos Seus pés, no lugar secreto. Ninguém é capaz de se esconder de Deus. Um dia Ele disse ao meu coração que era necessário que eu me levantasse, pois havia uma multidão me esperando para ser curada e transformada por meio da minha história. Deus pediu posicionamento!

Já havia entendido que o primeiro lugar onde deveria estar era de joelhos com minha vida devocional em dia. Então, peguei minha Bíblia, meu café, meu caderno e sentei à mesa com meu Pai! Eu estava no lugar de descanso e intimidade. Abri meu coração ao meu Senhor e aprendi a me alegrar com o que Ele mesmo colocou em meu caminho! Meu chamado partiria das minhas dores.

Quem tem chamado, passa pelo deserto, não tem como fugir. Jesus no início de seu ministério passou pelo deserto, e Ele é o nosso maior referencial. Compreendi que toda minha vida não foi direcionada pelo acaso ou por um cego destino. Era o Senhor colocando todas as pessoas, todas as situações e momentos, para que realizasse o Seu plano e Seu propósito em minha vida.

Dali em diante, todas aquelas feridas, que muito anos passaram abertas, começaram a fechar, e perdoar era o caminho a seguir naquele momento. Minha vida devocional estava indo de vento em popa, mas como a Palavra diz, em Colossenses (3:13): "Sejam compreensivos uns com os outros, perdoem quem os ofender. Lembrem-se de que o Senhor os perdoou, de modo que vocês também devem perdoar!", o perdão era o próximo passo para a minha restauração completa e para meu ministério começar a fluir.

Compreender que outras pessoas também sofrem e têm suas histórias, suas dores, faz parte da caminhada Cristã, da nossa transformação diária, e também da luta constante para ser como Cristo, Ele é o nosso maior tutor.

A vida de Cristo foi totalmente exemplificada, temos um manual completo em como se parecer com Ele. O Senhor Jesus foi o maior perdoador de todos os tempos. Perdoou seu povo por não o reconhecer e foi crucificado por isso. Eu precisava enfrentar este problema: perdoar todas as pessoas que me feriram, maltrataram e mentiram sobre quem eu era. Não foi uma tarefa fácil. Teria que lidar com tudo novamente, mas o Senhor estava comigo. Eu precisava ter compaixão, bondade e humildade, pois havia uma multidão me esperando.

Ser compreensiva com quem a feriu pode ter um custo muito alto, mas o Espírito que habita dentro de você está sempre pronto a ajudar e consolar seu coração. Não é sobre o que fizeram com você, mas sobre Quem habita dentro de você. Ele se responsabiliza quando a sua atitude condiz com o caráter de Cristo.

Mulheres estão me esperando para viver suas grandes histórias. Uma delas é você! Se eu superei toda essa angústia você também vai superar! Pense comigo: Qual seria o motivo de Deus permitir tantas provações em seu caminho? Com certeza, não é para você ficar escondida em seu quarto chorando e sofrendo como eu estava. É para você alcançar mulheres dentro do seu contexto. Mulheres que estão prostradas e caídas em suas próprias mazelas e amarguras. Deus quer usar você, mulher. Alegre-se!

A Palavra diz, em 1 Pedro (4:12-13):

> Amados, não se surpreendam com as provações de fogo ardente pelas quais estão passando, como se algo estranho lhes tivesse acontecendo. Pelo contrário, alegrem-se muito, pois essas provações os tornam participantes dos sofrimentos de Cristo, afim de que tenham a maravilhosa alegria de ver a sua glória quando ela for revelada!

Pense na vida como uma sala de aula: tem avaliações, direcionamento sobre o que aprendemos, provas que precisamos tirar uma boa nota para passar de ano. E a nossa maturidade é revelada de acordo com o tamanho da nossa fé, que nos mostra se passamos de ano ou não. As fases da vida não são uma surpresa, elas são esperadas. Se você tem sido reprovada, está num ciclo vicioso. Quebre isso! O seu sofrimento a une a Cristo, quanto mais estreito o nosso laço com Ele, mais nos identificamos com o tratamento injusto que Ele teve, e também mais temos compaixão das pessoas que se achegam a nós. Antes de me casar, meu esposo e eu fizemos uma aliança de coração: dois corações, um só propósito em fazer a diferença juntos. E essa aliança, agora se estende aos corações de muitos em nossa igreja local, onde temos compartilhado a Palavra com muita alegria.

No início o meu sorriso era para mascarar um vazio, agora a minha alegria tem colocado mulheres em pé. Nada disso teria acontecido sem o Senhor Jesus e o um coração quebrantado. Deus fez uma menina comum, cheia de feridas e complexos, tornar-se uma mulher que restaura a vida de outras mulheres, para Glória dEle, trazendo-as para o seu real chamado. Fazendo assim, seus olhares voltarem-se para dentro das suas casas, não com o peso da mulher doméstica, mas como alguém que é a referência em qualquer ambiente, que enxerga o grande potencial que carrega! A mulher é a fonte de vida do seu lar, é a coluna que sustenta novos referenciais para as futuras gerações!

Não desista, você é um diamante sendo lapidado por Deus. Sua atual situação não define a sua vida inteira. São intercorrências para forjar o seu caráter e chamar a sua atenção para algo muito maior, que vai além do que você imagina! Lembre-se de quem a chamou: Ele não mentiu!

REFERÊNCIA

SWINDOLL, Charles R. *Bíblia de estudo Swindoll*. Trad. Emirson Justino. São Paulo: Mundo Cristão, 2020.

"Mulheres estão esperando para viver suas grandes histórias. Uma delas é você! Se eu superei toda essa angústia, você também vai superar!"

Bispa Natália Vieira

Paula Borges

Olá, eu sou Paula Borges, uma filha amada de Deus, casada há catorze anos com meu amor, Pedro Eduardo Borges, mãe do Miguel, do João Pedro e do Augusto. Eu e meu esposo pastoreamos a Verdade Igreja na cidade de Matelândia/PR, desde março de 2018. Sou formada em Psicologia (2012) e realizo atendimentos, tanto presenciais quanto *on-line*.

Somos proprietários da Evidencie, uma marca de roupas com um propósito: evidenciar Cristo por meio do que vestimos. É uma alegria poder partilhar um tantinho da minha história com você! Desejo, de todo o meu coração, que o Espírito Santo a envolva e impulsione você a ter coragem! A viver de maneira intencional, e na expectativa de que os melhores dias ainda estão por vir!

paulagaboardiborges

paulafernandaborges1@gmail.com

+55 (45) 99105-4292

paulagborges

MULHERES COM UM CHAMADO

VOCÊ ESTÁ NO MAPA! 25

Por Paula Borges

Aqui estou, em uma manhã de sábado, com meu café, o Espírito Santo e pronta para compartilhar contigo parte da minha história. Nasci em Matelândia, uma cidade no interior do Paraná, que durante muitos anos, nem no mapa encontrávamos (tenho essa recordação da minha adolescência), atualmente, com aproximadamente 18.450 habitantes. A maior parte da minha infância se passou em Ipanema, Balneário de Pontal do Paraná. Tenho muitas e boas recordações desse período da vida, lembro-me de ter várias experiências com mudanças, quando aprendi a expressão "nômade", era assim que eu me identificava.

No ano de 2002, nós nos mudamos para Natal/RN e moramos durante um ano com a família toda por lá, meus pais Rubens e Stela, eu e meus irmãos, Eloisa e Vitor. Foi uma mudança que na minha cabeça de criança não fazia sentido, mas nos lançamos para o novo. Uau! Resumir doze anos de vida em algumas linhas é desafiador! Continuando: no período de férias de julho de 2003, viemos à Matelândia, e foi nesse momento que a minha vida deu uma reviravolta! Nesse período, meu pai pediu um tempo para minha mãe, retornando para Natal sozinho, foram catorze anos de casamento, e nós permanecemos em Matelândia, na casa do meu avô materno. Foi um período muito desafiador. Havia dúvidas, incertezas, frustrações, sentimento de desamparo e rejeição. E, foi nessa pequena cidade que houve o acolhimento da dor, o acolhimento de um sofrimento.

Em Matelândia prosseguimos a vida, em meio aos escombros do pequeno castelo em que eu vivia. Quero dar uma pausa por aqui: talvez você já tenha vivido momentos em que a sua vida virou de ponta-cabeça, sendo pega de surpresa, precisando lidar com as consequências, gerando mudanças significativas, afetando até mesmo o seu caráter, a sua maneira de ver e lidar com a vida. Um momento inesperado gera sentimentos de injustiça, desconforto e nos mostra que temos habilidades das quais até então não tínhamos conhecimento. Você consegue se identificar mais rígida? Impaciente? Desconfiada? Retraída? Rejeitada?

Minha linda, momentos assim são potencializadores para o cumprimento do seu chamado. Se você está passando por um momento semelhante nessa estação, encorajo você a: confiar e se entregar a Deus, lance a sua vida diante dEle, e, como jogar-se em uma correnteza, é assim que lhe sugiro fazer.

Diante desse momento de fragilidade, houve pessoas que desejaram nos apresentar um alívio e uma verdade. Foi com o convite de um amigo, o Gil, e a dedicação da pastora Líria que iniciamos um estudo para conhecer mais a Bíblia. A cada encontro nós nos aprofundávamos mais na Palavra de Deus, e algo em minha mente ia recebendo uma nova forma. Uma maneira nova, intensidade de buscar mais por Deus e pela Sua Palavra.

Recordo-me de não desejar ter um relacionamento tão profundo com meu pai neste período de vida. Era difícil acreditar que ele se importava, era difícil desejar estar junto. Nunca fui rebelde externamente, mas interiormente havia uma posição de esquiva, uma ferida aberta.

Aqui quero encorajá-la a olhar as pessoas à sua volta, e acreditar que existem pessoas que farão parte do seu processo de cura. Ao mesmo tempo que feridas vêm por pessoas, são pessoas que a auxiliarão no processo de cura. Exatamente como vemos em Provérbios (27:17): "Como o ferro afia o ferro, assim um amigo afia o outro". O ferro aprimora o ferro, o ferro é quem toca o ferro, e assim alcança o seu máximo potencial.

No período da adolescência, tive um relacionamento que foi um tanto conturbado, foram três traições durante o período em que estávamos juntos, e, costumo dizer que só foram três porque eu mesma deixei, pois se eu tivesse me posicionado de maneira eficiente na primeira, não teria vivido as outras. Percebo que, pela minha falta de posicionamento, pela falta de convicção do meu valor e identidade, aceitei o que estava sendo apresentado. Lembro-me como se fosse hoje, posterior à terceira traição, o não reconhecimento de mim mesma, a impressão era como se eu tivesse dado um soco na mesa, um basta como nunca antes. Eu não me reconhecia, os que estavam à minha volta não me reconheciam. Tive que aprender a viver um modo diferente, aprender a tomar as rédeas, aprender a dependência de Deus, a identificar a codependência, além disso, precisava ser curada e tratada por Deus. Por vezes, será necessário um posicionamento mais firme diante das convicções, diante das feridas, das inseguranças, das dúvidas e incertezas.

Existem momentos que parecem eternos, mas fique tranquila, tudo passa. Costumo falar que, se não passa ao lado, passa por cima de você. Nada como um dia após o outro na dependência de Deus, na confiança e no descanso nEle.

Uma nova história

Foi em meio a tantas situações que encontrei aquele que seria meu futuro esposo. Para se viver o novo é preciso deixar o que é velho, alterar linhas de pensamentos, decidir acreditar que há novas possibilidades. Nosso relacionamento de namoro e noivado foi de um ano e sete meses, e pude ter uma nova experiência. Ele é meu encorajador, que me aprimora e me impulsiona. O meu amor é meu pastor! Reconheço o chamado, a sabedoria e a sua intencionalidade em me apontar a verdade. Sempre amei a Deus, mas a intensidade de busca foi gradativa e reconheço que a vida do Eduardo foi — e tem sido — uma inspiração para mim. Em 2023, fizemos 14 anos de casamento, o que para mim foi motivo de muita celebração, tendo em vista o casamento dos meus pais. Algo significativo demais, um marco!

Quero encorajá-la a algo: declare e acredite que você pode, na dependência de Deus, viver coisas para além do que sonhou e já viveu! Quero trazer esperança para a sua vida! Independentemente da intensidade da situação, tenho convicção de que para Deus nada é impossível. É preciso crer, é preciso deixar o orgulho de lado e se dispor ao processo de cura das feridas. Não digo que é simples, e que já tenho todas as feridas curadas, mas é preciso trabalhar de maneira intencional e diária. Tenha consciência da presença de Deus, leia a Sua Palavra e reflita nela diariamente. Permita-se ter uma nova ação junto com o Espírito Santo. Se você mudar 1% por dia, no final de um ano, você verá um grande resultado, e se tornará irreconhecível.

Quando você se render a Deus e à Sua vontade, você até saberá qual é o ponto de partida, mas não a linha de chegada. Olha que declaração de amor, em Jeremias (29:11): "Porque sou eu que conheço os planos que tenho para vocês, diz o Senhor, planos de fazê-los prosperar e não de lhes causar dano, planos de dar-lhes esperança e um futuro". Creia e ande por essa verdade!

Encorajo você a orar, procurar pessoas e ser alguém que conduza aqueles que estão à sua volta, a viver a verdade. Viver de verdade as instruções da palavra nos levam a viver algo novo. Que a minha e a sua vida possam ser marcos na vida de outras mulheres, trazendo a verdade da Palavra, encorajando-as, amando e instruindo.

Pois bem, o relacionamento com meu pai foi totalmente restaurado! Vivi coisas incríveis até aqui (espero um dia poder compartilhar com você, e, se fez sentido o relato da minha história, me dê um "oizinho" no WhatsApp, ficarei feliz em saber que meu testemunho edificou de alguma maneira a sua vida). Amo-os intensamente, meus pais são referenciais para mim, uma inspiração de coragem e determinação, deixo aqui a minha honra a eles. Caminhei pelas trilhas do perdão para poder ver a restituição. Esse caminho faz viver o extraordinário!

Há seis anos retornamos para Matelândia, onde moramos atualmente. Hoje, as experiências são outras e, no mesmo ambiente onde houve um dia dor, hoje é ambiente de cura. Deus sempre nos surpreende! Como diz a pastora Viviane Martinello (2019): "Ferida curada, ministério aberto!". Essa é a realidade que tenho vivido hoje. E, para concluir essa experiência, quero compartilhar parte da história de Rute, onde me identifico sobremaneira.

Na época, havia o costume de quando o esposo de uma mulher falecia, o parente mais próximo seria o resgatador, ele poderia casar com a mulher para dar continuidade à descendência e assumir as responsabilidades da família, no caso de Rute, o parente que aceitou ser o resgatador foi Boaz. Rute encontra Boaz! Fruto dessa união nasceu Obede. Obede foi pai de Jessé, que foi pai de Davi! Uau! Rute está na linhagem de Jesus! É sobre isso! O que mudou a minha história foi encontrar o meu Resgatador!

O encontro com Deus a fará saber quem é, far-lhe-á perceber que há sentido para viver e viver com propósito. Depois que me rendi ao senhorio de Deus, depois que me lancei na correnteza, aí sim, fui resgatada. Em João (3:16) diz: "Porque Deus amou o mundo de tal maneira que deu o seu filho unigênito para que todo aquele que Nele crê não pereça, mas tenha a vida eterna!" Eu fui resgatada, nEle encontrei a salvação e a verdadeira vida! Fui resgatada do orgulho, da autossuficiência, da vida sem propósito. E Ele deseja resgatar você!

Para ser resgatada é preciso reconhecer que você se encontra em apuros, e no texto acima encontramos essa realidade, sem Jesus estamos perdidas, sem Jesus pereceremos. Você precisa ser resgatada! A sua história precisa de um resgate! Ouça Deus a chamando para um novo nível de entrega, ouça o chamado dEle para a sua vida! Deus deseja que você viva o seu propósito cumprindo o seu chamado! Seu propósito tem a ver com aqueles que estão a sua volta, o seu chamado tem a ver com o que

Deus depositou em você! Use sua vida e permita que a sua experiência marque e transforme a vida de outras mulheres.

Ouça a voz de Deus lhe chamando, você é uma mulher com chamado! Ele vê você! Sim, você está diante dos olhos de Deus! Não importa onde esteja, como esteja, Ele a vê! Você está no mapa!

REFERÊNCIAS

VIVIANE Martinello | Ferida Curada Ministério Aberto. [*S.l.*: *s.n.*], 2019. 1 vídeo (54min 41s). Publicado pelo canal Viviane Martinello. Disponível em: https://www.youtube.com/watch?v=rfnN6eFHt2Y. Acesso em: 26 jun. 2024.

YOUR Version. [2024]. Disponível em: https://www.bible.com/bible/1930/pro.27.17.NVT. Acesso em: 18 jun. 2024.

"Quando você se render a Deus e à Sua vontade, você até saberá qual é o ponto de partida, mas não a linha de chegada."

Paula Borges

Renata Gomes

Eu sou Renata Gomes, natural de Belo Horizonte/MG, casada com José Gonçalves há 30 anos, um marido que acredita no meu chamado. Do fruto do nosso amor nasceu a Raíssa, de 27 anos, e Pedro, de 23.

Pastora há 20 anos, atualmente, também sou mentora e terapeuta em formação no universo feminino. Superei desafios na minha trajetória: abandono, rejeição, medo e timidez. Nunca imaginei que me tornaria uma mulher forte e destemida. Na maternidade, uma grande batalha e, hoje, com muita experiência, tenho um desejo em ajudar mulheres e mães e lhes dizer: tudo é possível por meio de um posicionamento em Deus. Minha prioridade é a família. Sou sensível como uma pomba, mas forte como uma leoa para proteger meu lar.

pastorarenatagomes

+55 (31) 98914-3742

pr.renatagomes@gmail.com

MULHERES COM UM CHAMADO

O PODER DE UMA MÃE POSICIONADA

26

Por Renata Gomes

A maternidade é sublime, ela é força, coragem, é saber lidar com um grande desafio. Ter filhos foi a maior realização da minha vida. Eu sou filha de mãe solteira, e durante muito tempo sofri com a ausência paterna. Então, eu sonhava em casar, ter filhos e entregar a eles o pai que eu nunca tive. Idealizava ter uma família completa.

Com 20 anos eu me casei, mas levei comigo uma bagagem repleta de carência da paternidade, timidez, sentimento de rejeição e abandono. Tudo isso me fez viver turbulências terríveis no casamento, já que as feridas me tornaram uma mulher amarga, insegura e ciumenta. Em meio ao caos, tivemos nossa primeira filha, a Raíssa, tão desejada, que passou a sofrer com o ambiente de brigas e até de separação. Assim, o sonho de ter uma família completa estava sendo frustrado e minha filha, também, corria o risco de ser criada sem o pai. Isso me gerava uma tristeza profunda.

Em determinado momento, fui convidada a ir a um retiro chamado "Encontro com Deus". Lá, eu fui colocada diante do médico dos médicos. Foi a maior experiência da minha vida! Eu pude deitar no colo de um Pai amoroso, o qual nunca me abandonou. O Senhor me deu uma visão de quando eu estava no ventre da minha mãe, sendo rejeitada, já que tentaram me abortar e, até então, eu nem sabia. Doeu muito! Mas era preciso passar pelo processo de cura. Deus tratou a raiz das feridas, mostrou-me o motivo das crises no meu casamento e por que eu não estava conseguindo sobressair em várias áreas da vida. Logo depois o Espírito Santo veio e fez eu me sentir amada. Aprendi que feridos não rompem. Assim, perdoei meu pai e minha mãe e, então, uma nova história começou a ser escrita ali.

Ouvi uma voz dizendo: "Agora você terá o segundo filho e o nome dele será 'Pedro'". Fiquei atônita! Porque, apesar de ser um sonho ter um outro filho, um menino, eu acreditava que não seria mais possível, em razão do avistado fracasso em meu matrimônio. Então, pouco tempo depois, Deus cumpriu Sua promessa e eu engravidei, tendo a certeza de que seria um filho homem. E adivinhem? No dia 29 de julho de 2001, o Pedro chegou! Quando a cura acontece, sonhos são restaurados!

Pedro, então, veio trazendo renovo e restauração para nossa casa, meu casamento reestruturou-se e seguimos firmes na presença de Deus. Diante disso, meus filhos foram crescendo na igreja e o Pedro, filho da promessa, profeta escolhido, desde pequenininho foi apaixonado por Jesus, admirava pregações e chegava até a dizer: "Quando eu crescer, quero ser igual a esse pastor, mãe". Além disso, gostava de tirar versículos bíblicos para mim e me cobrava perguntando se eu já havia entregado o dízimo. Era a coisa mais linda o temor que ele tinha!

Mas nem sempre foi assim! Por um tempo o inimigo lutou com todas as forças para afastar meu filho dos caminhos do Senhor. Durante a adolescência dele, vivi a maior crise da maternidade. Entre os 14 e 19 anos, Pedro estava se transformando num rapaz revoltado em casa, amargo, rebelde, insensível e não queria saber de nenhum tipo de envolvimento com igreja, nem proximidade com Deus ou, até mesmo com sua família.

Por isso, eu ficava me questionando por que tudo isso estava acontecendo, já que o Pedro sempre foi criado com tanto amor, exemplo correto dentro de casa e ensinado no caminho em que deveria andar. Foram inúmeras noites sem dormir, chorando, sentindo-me impotente, perdida. Não sabia exatamente o que ele estava fazendo em minha ausência, onde meus olhos não alcançavam, mas eu sentia que ele estava aprontando. Como uma leoa protetora, comecei a ir atrás dele quando saía, até que em um determinado dia o flagrei em um baile funk cercado de amizades corrompidas e, inclusive, envolvidas com crimes.

Pense em como me senti! Fiquei completamente arrasada, sem chão! O meu filho estava se perdendo no mundo. Imediatamente eu e meu marido o retiramos daquele local e o levamos para casa, onde tivemos uma dura conversa!

Mais uma vez passei a noite em claro, chorando e clamando com gemidos inexprimíveis. Pela manhã, eu me levantei e disse: "Eu tenho um chamado, sou responsável para atrair meu filho ao lugar de origem, sem cessar, sem desistir, enfrentando de frente o adversário. Sou Ester!".

Então, posicionada, saí daquele lugar de impotência e fragilidade e tudo se transformou numa grande força, com a fé ainda maior, sempre lembrando de tudo que Deus já tinha dito sobre o Pedro, mesmo antes de ele existir.

Eu precisava destravar o chamado na vida dele, agir de forma intencional, tudo com um objetivo, para atraí-lo ao destino. Sim, não é fácil, sobretudo quando diz respeito ao alinhamento do filho. Mas quando uma mãe se levanta valente, sensível como uma pomba e forte como uma leoa, algo acontece.

Vivenciando tempos difíceis com o Pedro, eu olhava para meu lar e pensava: esse é meu laboratório de amor, o jardim do Senhor, preciso ser guardiã dele.

Muito embora todos os percalços, eu não desisti do meu filho, marquei presença, ficava de olho em seus atos, observava suas redes sociais — apesar de, às vezes, encontrar-me bloqueada por ele —, suas vestes, a sua forma de falar e as músicas que ouvia. Sim, eu me tornei uma chata! Não me cansava de corrigir. Em cada atitude errada dele, estava eu lá, bem posicionada, no meu legado matriarcal, com senso de responsabilidade, exortando-o, mesmo que isso lhe causasse desconforto, assim como para mim.

Além disso, eu não o deixava se esquecer de quem ele era, mostrando que certas músicas de funk que ele colocava ao tomar banho, e até mesmo ao dormir, não combinavam com ele. Nunca deixei de aconselhar sobre todos os assuntos, inclusive, amorosos, principalmente nesse momento da vida em que ele se encontrava perdido, imaturo e cego. Era preciso fazer com que ele refletisse sobre as atitudes e escolhas, mesmo que, aparentemente, minhas palavras estavam sendo lançadas ao vento. Era tão intenso meu secreto com Deus, que Ele me mostrava todos os perigos à volta e me dava estratégia de guerra.

Eu me lembro de que, por muitas vezes, eu sentei na cama com Pedro e expressei o quanto o amava e queria o seu bem. Dizia sobre as bênçãos que Deus tinha preparadas para ele. Em prantos, também lhe pedi perdão por qualquer ato que porventura eu tive que não o agradou, que o feriu. Como é importante essa atitude! Traz conexão. Uma mãe posicionada, alinhada, protetora, ativa o propósito do seu filho.

No altar, derramava-me, entregando-o ao Senhor. Com toda força da minha alma, pedia a Deus: "Pai, endireita seus caminhos". Vinha uma calmaria e conseguia visualizar onde ele chegaria em Deus. Era incrível!

Pegava sua foto e declarava vida. Enquanto ele dormia, na beirada da sua cama estava eu lá, com as mãos estendidas. Pedro sentia-se o menor de nossa casa, uma vez, disse-me: "Eu não sou o filho que você merecia, mãe!". Na verdade, era um grande filho com um chamado, porém com perda de identidade.

No processo de orações, o meu filho da promessa aceitou o convite de ir ao retiro de Encontro com Deus, o mesmo que mudou a minha vida lá atrás. Eu sentia: "O milagre está próximo!". Muitas coisas, depois disso, foram acontecendo. Aos poucos, Pedro foi se tornando mais sereno e envolvido com a igreja.

Um belo dia, eu estava em viagem e recebi uma ligação do Pedro. Logo quando atendi, surgiu, do nada, um fogo em uma mata para onde eu estava olhando, e a chama subia e descia. Imediatamente fui tomada por uma glória, e falei para o Pedro que precisava desligar porque estava vendo a sarça ardente.

Desliguei o telefone e fui contemplar. Deus falou comigo: "Começa hoje a grande obra na vida do seu filho!". Derramei-me em lágrimas, tendo Deus me feito lembrar de cada entrega, cada cuidado. Após, Pedro disse-me que aquela ligação foi para pedir a liderança do louvor da nossa igreja.

Daí em diante, a grande obra aconteceu. As músicas de funk, que eram trilha sonora para seu sono, foram substituídas por pregações, as vestimentas, a postura e até o jeito de andar foram se transformando. Surgiu-se um grande líder de louvor dedicado, um pregador, conselheiro e apaixonado pela Palavra, como o era na infância. Identidade restaurada! As bênçãos foram se multiplicando.

Pedro organizou um megaevento de adoração em nossa igreja, resultando em almas e em um grande mover do Espírito Santo, o sobrenatural aconteceu nesse dia no altar. Que alegria! O sentimento: dever cumprido.

Insaciável, meu filho começou a buscar cursos bíblicos para aperfeiçoar seu conhecimento na Palavra de Deus e descobriu a organização missionária Jocum (Jovens com Uma Missão). Hoje, para glória de Deus, ele está em Mato Grosso, em missão. Um jovem com o caráter de Jesus, alinhado ao propósito. Eu venci a batalha!

Diante de tudo isso, vejo que os percalços ocorreram para que hoje pudéssemos contar histórias e edificar vidas que talvez estejam passando por situações difíceis dentro de casa, filhos perdidos.

Sinto-me, hoje, uma mãe realizada, com segredos poderosos para atrair um filho ao seu lugar de destino.

Do pouco da história que lhe contei agora, concluímos que é muito importante atentar às situações que estão ocorrendo dentro da nossa casa, ser amigos dos filhos, dialogar, agir com estratégias e preparar momentos de comunhão.

Vejo mães perdendo os filhos para o mundo, envolvidos com tantas coisas, cortando-se, drogando-se, prostituindo-se, longe de Deus, e às vezes, elas nem sabem, por estarem distraídas, distantes ou sem intimidade com o Abba, que revela segredos. Enquanto isso, satanás brincando na sua casa, distorcendo a identidade. Você é um território profético para sua casa, não desista! Nossos filhos têm um chamado, portanto, o adversário vai fazer de tudo para desestruturar.

Independentemente da situação que você esteja vivendo, não aceite a oposição do mundo, levante-se, hoje, de forma intencional dentro da sua casa. Monte seu quarto de guerra e não abra mão das preciosidades que Deus lhe entregou.

Transborde, ocupe seu lugar. Fomos chamadas por Deus nesta missão.

No final, assim como eu, você também vai poder dizer: Ebenézer!

"Até aqui nos ajudou o Senhor" (1 Samuel 7:12).

REFERÊNCIAS

BÍBLIA. Minha Bíblia de oração. Nova versão internacional. São Paulo: Mundo Cristão, 2012.

"Uma mãe posicionada, alinhada, ativa o chamado do seu filho!"

Renata Gomes

Apóstola Rosária Pereira

Eu sou Rosária Lima Pereira, natural de Lago Verde/MA, moro na cidade de Paragominas/PA, com minha família, meu esposo Nilson Pereira, meus filhos Ley Angeles Lucas e Carlos Henrique, meus netos Beatriz, Emanuel, Felipe, João e Maitê.

Apóstola junto com esposo na Comunidade Apostólica Apascentar. Voluntária na Casa Rosa, que atende a vítimas de violência doméstica. Formação e treinamento de time de pastores, conferência com alcance de mais de 1500 pessoas do Norte e Nordeste. Graduanda em Terapia Integrativa pela Uniasselvi. Palestrante, escritora, terapeuta familiar sistêmica, leader coach.

rosariapereiraterapeuta

+55 (91) 98382-8240

bpa.rosaria@gmail.com

MULHERES COM UM CHAMADO

O PODER DA RENÚNCIA POR MEIO DA ORAÇÃO

27

Por Apóstola Rosária Pereira

Somos chamados por Deus para fazer parte do Seu exército, andar por fé e não por vista. Entender que somos filhos de Deus e estamos aqui para cumprir o propósito de Deus na terra é uma tarefa árdua, mas um lindo chamado. Vivemos em um mundo de "cada um por si", de busca por resultados. As pessoas tornando-se frias e calculistas, amantes de si. Por muito tempo, vivi essa ilusão em busca de prazeres, de resultados imediatos e busca de poder. Queria mostrar que podia tudo "na força do braço", cheia de conceitos e preconceitos, cheia dogmas. Achava que tinha uma vida bela e não precisava de mudança.

Por ter sido criada em um lar desajustado, sem uma referência paterna, apesar de meu pai, José Vieira, ser um homem de muita garra, muito trabalhador, respeitado, era também um homem promíscuo de relacionamento extraconjungal. Aos seus 50 anos confessou Jesus, e sua vida foi transformada. Minha mãe, Maria Inês, dedicou-se à criação dos filhos. Uma mulher leiga que conseguiu reger a sua casa com paz e segurança, e até hoje é uma mulher conselheira idônea, um referencial de mãe, esposa, mulher de Deus.

Ensinou a força do perdão, o amor pela família. A sabedoria dela mudou o histórico da nossa casa, éramos católicos. Um dia, um dos meus irmãos, o Viller, visitou uma igreja e lá confessou Jesus. A partir daquele dia, ele começou a orar pela família, ele tinha 16 anos na época, mas foi a chave de cura e libertação da nossa família. Ele influenciou meu outro irmão. Minha mãe, vendo a disposição de dois adolescentes que decidiram renunciar tudo para viver o chamado de Jesus, decidiu acompanhá-los. Ela confessou Jesus.

Foi a melhor decisão tomada, a família foi mudando. Ela se dedicou a uma vida de renúncias, abraçou o seu chamado. Foram dois anos, todos da casa estavam servindo Jesus, inclusive o meu pai.

Hoje somos cinco pastores, os meus pais se tornaram pastores e intercessores da família, foi com minha mãe que aprendi a conduzir o meu lar. Somos em dez irmãos, eu sou a segunda filha. Aos dezessete anos me envolvi em um relacionamento, aos dezoito anos eu me casei. Éramos dois jovens sem experiência conjugal. Com apenas sete anos de casados, nós nos divorciamos, não tinha noção da dor. Hoje, quando vejo um casal querendo se divorciar, aconselho a buscar ajuda, primeiro em Deus, mas também em aconselhamentos, em terapia, enfim. Luto para ver casamentos restaurados.

Eu não tinha noção da colheita, vi-me em uma renúncia difícil, com três filhos, sem saber o que fazer. Fui embora, saí do interior e fui para a capital, Brasília/DF. Cheguei apenas com a minha roupa do corpo, pois fui assaltada no ônibus, deu vontade de voltar para casa, mas algo muito forte dentro de mim dizia não. Hoje eu creio que era o Espírito Santo de Deus.

Começou, então, uma nova jornada em minha vida, um novo ciclo de solidão, um vazio muito grande, sem amigos, sem parentes, e longe dos filhos, que ficaram por seis meses com os meus pais, no interior na cidade de Açailândia. Chegando na cidade, sem conhecer ninguém, tive um apoio de primos, mas ao mesmo tempo, tive que me virar sozinha, pois os meus primos tinham a vida deles, seus trabalhos e não poderiam parar para me atender.

No segundo dia na cidade, no ano de 1994, peguei umas vinte fichas telefônicas e fui ao "orelhão" com os classificados em mãos, à procura de emprego. Insisti até conseguir falar com uma pessoa de uma empresa de vendas ambulantes. O produto era enxoval, aceitei o desafio. Não foi fácil, trabalhava de sol a chuva, não podia parar. Antes do divórcio, eu trabalhava em um órgão público, ganhava muito bem e de uma hora para outra, estar em um outro ambiente, sem minha rede de apoio, a família, era muito difícil passar por isso tudo e ainda estar distante dos filhos.

Vivi um deserto, posso dizer que foi o vale da sombra da morte, mas foi nesse deserto que passei a ouvir a voz do meu Senhor. Minha mãe, como sempre, não parava de orar por mim, cheguei ao fundo do poço. A decepção do divórcio levou-me a uma vida de bebidas e baladas. Minha alma foi tomada por desespero, angústia e passei a viver um ciclo vicioso de argumentos de alma. Nesses meus argumentos, achava que Deus não estava nem aí para mim, mas foi em meio a esse grande dilema que tive um sonho.

Era dia 24 de setembro de 1995, às onze horas da noite, minha mãe tinha recebido uma profecia: era para ela arrumar as malas e ir até Brasília, pois Deus tinha pressa na minha vida, que eu seria um vaso nas mãos dEle — nessa época os meus filhos já estavam comigo, pois ficaram seis meses longe de mim, tempo em que eu trabalhei muito duro para tê-los perto de mim, pois eu era a única mantenedora deles. Durante a semana eu era vendedora ambulante e nos fins de semana, faxineira. Foi assim que consegui alugar uma casa, comprar as mobílias, para tê-los perto de mim —, quando minha mãe recebeu a profecia, ela obedeceu à voz de Deus, arrumou as malas e foi para Brasília. Chegando lá, ela começou um propósito diante de Deus, com jejum e oração. Enquanto eu estava no meu trabalho, ela aproveitava para ungir o meu quarto, a minha cama. Ela apenas orou e acreditou na profecia liberada ao meu favor.

Uma semana depois da chegada dela, teve um culto em casa, que me deixou muito irritada, meus irmãos já estavam morando comigo, José Lindomarcos e Vilson Marcos, eles convidaram os jovens para realizar um culto, na tarde do domingo de 25 de setembro de 1995. Eu não quis participar do culto, fiquei no sofá da sala, ouvindo o louvor, a Palavra, enfim... Foi nesse dia que Jesus me pegou.

No dia anterior, eu sonhei que uma cobrazinha, bem pequena, picava a coxa da minha irmã e, ao mesmo tempo, uma pomba branquinha descia com um pedaço de pano bem pequeno no bico. Ela passava na coxa da minha irmã e, automaticamente, cicatrizava. E aquela pomba me olhava, e eu via que não era um olhar comum, parecia um olhar de um jovem apaixonado. Ela subia me olhando e eu olhando para ela, quando ela chegou bem alto, ela se transformou na face de um homem, uma face muito grande, com uma boca bem grande e os lábios bem feitos! Aquele homem bradou, bem alto, como uma voz de trovão, e falou: "Eis que Eu lhe escolhi para ser ganhadora de almas para o meu Reino." Foi tão assustador que eu gritei. Minha mãe correu e me perguntou o que aconteceu, na mesma hora eu ouvi nitidamente uma voz dizendo: "Não diga para ela, pois ela vai dizer que foi Deus e vai insistir para você ser crente". Hoje eu sei que aquela voz era a do diabo, que tentou impedir o meu chamado. Eu não tive coragem de falar para ela, fiquei a noite sem dormir, deu-me um desespero tão grande! Uma voz dizia "Conte o sonho!" outra voz dizia "Não conte o sonho".

Amanheceu o dia, parecia que eu tinha passado a noite lutando, de tão cansada. Perto das treze horas, chegou uma irmã e eu contei para ela o sonho, pois não tive coragem de contar para minha mãe. A irmã olhou para mim e disse: "O que você está esperando? Quem falou com você foi o próprio Deus. Ele apontou o seu chamado, você vai ser uma pessoa muito usada por Ele na Terra!". Imediatamente, meu coração se fechou, saí de perto da irmã e logo o culto começou na área da minha casa. Meu filho do meio tinha apenas cinco anos e começou a louvar a Deus, o Espírito Santo foi tocando o meu coração, mas o que me impactou foi minha sobrinha, Suelma, que começou cantar um louvor que dizia assim: "O homem pode ser famoso no mundo inteiro, ter grandes amigos e muito dinheiro, mas quando morrer, nada pode levar, a multidão o levará para o cemitério e dali para frente o caso é mais sério, não terá ninguém para acompanhar". Aquele louvor penetrou a minha alma de tal forma que eu não consegui conter as lágrimas.

Era umas dezessete horas, quando todos foram embora, e eu estava ali, confrontada pelo Espírito Santo. Foi chegando a noite e eu não aguentei, pedi ao meu irmão Vilson Márcio (*in memoriam*) para me levar para a igreja. Todos aplaudiram. Chegando à igreja, eu fiquei bem distante, pois pensei: "Vou ficar aqui para ninguém me chamar na hora do apelo". A Palavra dEle diz em Jó (23:13) que, quando Ele quer operar, ninguém pode impedir. E foi o que Ele fez, naquela noite, na hora do apelo, eu fechei os meus olhos para que ninguém fosse até a mim, senti uma pessoa pegando em minha mão e me puxando para frente, eu não abri meus olhos, pois pensava que era meu irmão.

Eu fiquei com raiva no momento, preferi ficar de olhos fechados, foi quando eu senti um forte abraço, era meu irmão dando "glória a Deus", eu abri os olhos e perguntei: "Por que você me trouxe aqui para a frente?" E ele respondeu: "Você veio sozinha, com a sua mão esticada!". Foi ali que começou o chamado do Pai na minha vida, o Espírito Santo me conduziu até o altar, e eu chorei tanto ali, eu vi o verdadeiro amor de Deus. Depois do culto, eu estava me sentindo mais leve, fomos para casa e, a partir daquele dia, comecei uma nova caminhada. Passei a buscar pelo Senhor e viver a prática do jejum, da oração e da leitura da Palavra.

Comecei, a cada dia, a ter uma nova experiência com Deus. No início da caminhada tudo é muito lindo, colorido, não tem tempo ruim! Mas, assim, como uma criança nos seus primeiros anos de vida, sem maldade e que não vê maldade, começamos a crescer e ver que é não tão fácil assim, que existe um preço a pagar, não podemos olhar para trás e sempre focar no alvo.

Entendo que Deus está no controle de tudo, e foi assim que aconteceu comigo. Tudo estava muito bem, de repente, os planos de Deus, que são maiores que os meus, começaram a se cumprir em minha vida. Perdi o emprego, a empresa em que eu trabalhava faliu e eu fiquei sem saber o que fazer. Não entendia, mas já era Deus sinalizando o meu retorno para minha a terra — era a última coisa que eu queria na minha vida, pois já estava bem estabilizada —, mas não era o que Deus queria para mim. E como Deus é perfeito! Em Provérbios 16:1 diz que "o coração do homem pode fazer planos mas a resposta certa dos lábios vem do Senhor". E o meu plano era fixar morada em Brasília, já que tudo estava muito bom, mas havia uma promessa em que voltaria para minha cidade de Açailândia. Eu relutei muito, pois seria uma vergonha ter que recomeçar. O orgulho tentou roubar de mim, mas o poder do Espírito Santo me encheu de tal forma que decidi renunciar e começar tudo de novo, para viver o meu chamado. Foi uma renúncia dolorida, mas valeu. Estou vivendo o milagre. "Porque aquele que quiser salvar a sua vida perdê-la-á e quem perder a sua vida por causa de mim achá-la-á" (Mateus 16:25).

REFERÊNCIA

BÍBLIA. Bíblia da pregadora. Barueri: Sociedade Bíblica do Brasil; Curitiba: Evangélica Esperança, 2021.

"Renunciar tudo para seguir o propósito de Deus trouxe--me o verdadeiro chamado e a verdadeira paz."

Apóstola Rosária Pereira

Rose Araújo

Eu sou a Rosiene Araújo, casada com Reinaldo Araújo, mãe do Samuel. Servimos a Deus na Assembleia de Deus, Ministério Madureira, campo de Carapicuíba. Sou teóloga, terapeuta, conferencista, ministra do evangelho, mentora, psicanalista e estudante de Psicologia.

Idealizadora do projeto *Mulheres vivendo o extraordinário*, autora do livro *Mulheres curadas para curar* e coautora do livro *Mulheres restaurando mulheres*, faço lives constantemente no YouTube e no Instagram, por meio desses canais muitas mulheres já receberam a cura, tanto física, como da alma, pela Palavra. Desejo viver mais e sei que, tudo quanto Deus me conceder, assim o entregarei.

missroseararaujooficial

Missionária Rose Araujo

+55 (11) 96161-6917

MULHERES COM UM CHAMADO

O TEMPO DA MUDANÇA

28

Por Rose Araújo

Quero iniciar fazendo uma pergunta para você, em que tempo você está vivendo: da certeza ou da incerteza? "Tudo neste mundo tem o seu tempo; cada coisa tem a sua ocasião" (Eclesiastes 3:1).

Deus, por sua infinita bondade, tem novidade de vida para cada uma de nós, dentro das suas particularidades, Deus não trabalha contra nós e sim a nosso favor, nos chamou, nós o ouvimos e o reconhecemos como único e suficiente salvador, arrependemo-nos, confessamos nossos pecados, contamos quais eram e quais são as nossas limitações. Ele nos perdoou e assim já não vivemos mais nós, e sim Cristo vive em nós, acreditamos no plano da salvação. Acreditamos também em Suas promessas; a Sua Palavra é viva e eficaz! Já não vivemos mais as nossas vontades e sim as de Deus. Interessante que, ao crermos, deixamos tudo nas mãos dEle, mas não retiramos as nossas responsabilidades. Crermos e, assim, tomamos posse, porém, tudo o que é para nós fazermos, iremos dar conta naquele dia.

E posso falar a você que, segundo as nossas escolhas, já recebemos aqui mesmo. Se procrastinamos o que é importante ou até o que é essencial, já estamos em um direcionamento errado, não iremos ter a colheita correta, não iremos receber o que sonhamos ou que nem se quer imaginamos.

Sim, Deus faz além. "Àquele que é capaz de fazer infinitamente mais do que tudo o que pedimos ou pensamos, de acordo com o seu poder que atua em nós" (Efésios 3:20), mas para vivermos essa palavra precisamos nos posicionar, prepararmo-nos e estarmos prontas para receber, e se não estivermos, eu sempre digo que fica mais difícil manter o que recebemos.

Quando estamos prontas, nós sabemos o quanto nos esforçamos, o quanto tivemos que orar, clamar, jejuar, pedir socorro para alguém interceder, estudamos... deixamos muitas vezes de estar em algum lugar como uma festa, pois a prioridade era o estudo, era a oração, era o retiro, era a busca por algo que talvez fosse até incerto no momento.

A única certeza era que os planos de Deus são maiores do que o nosso (Jeremias 29:11), essa convicção nos fez chegar aqui, talvez você esteja lendo e dizendo: "Nem sei o porquê, estou tentando mais uma vez", ou "O meu desejo era parar com tudo, só eu acredito, só eu vejo que haverá mudança". E quer saber? Os anos se passam, as horas se vão, e o que se vive até então? Pois bem, você chegou aqui por um propósito, Deus não quer que você permaneça como está, que fique sem sonhar, que continue procrastinando e deixando tudo para depois. Tem um chamado e, por meio desse chamado, existe uma responsabilidade de ir a todo mundo e pregar o Evangelho (Marcos 15:16), como se faz isso? Quando não só aceitamos o chamado, mas dizemos "eis-nos aqui" para a vocação à qual Deus nos convocou.

Para pregar o evangelho, você não necessita estar em um púlpito com um microfone nas mãos, não precisa falar bonito, não precisa fazer lives. O que você precisa é entender que, a partir de então, você é a Bíblia que todos leem! Pregue essa palavra por meio de suas ações, atitudes, abraços, olhar, sorriso, no tratamento para com os outros... Tudo se torna mais fácil! Quando nós temos um olhar curado, fica mais leve exercer o chamado, não precisa de muito, necessita valorizar o que você tem em mãos, mesmo que aos seus olhos seja pouco, nas mãos do Todo Poderoso, isso se tornará suficiente, não é sobre a sua perfeição e sim a dEle e, nEle, nós não necessitamos de mais nada. Recebemos o poder de curar enfermos, libertar cativos, se creres, farás muito mais do que Cristo fez, isso é para você! A partir de então, vá e faça (João 16:12-14), acredite que você pode, você é importante para o Reino.

Queremos a mudança, queremos viver o novo, queremos que chegue o tempo da mudança, mas o nosso maior erro é não nos prepararmos para esse tempo, ou simplesmente ter medo da mudança. Muitas pessoas não vivem o novo, algumas por viver de passado. Vamos avançar em direção a tudo quanto Deus tem a realizar por nós e por meio de nós! Ninguém vive o novo sem deixar o velho para trás, isso não significa que iremos apagar das nossas memórias tudo o que nos aconteceu, não! Em todas as situações, boas ou ruins, devemos ter aprendido algo, se por acaso, você só tem vivido ou só consegue enxergar o lado ruim das coisas é preciso mudar. Ore comigo:

Senhor Jesus, eu te agradeço por esta situação que eu estou vivendo, confesso que não vivo nenhuma novidade há algum tempo, mas quero agora louvar o Teu nome e te pedir que me perdoes. Se tenho reclamado, murmurado ou ofendido ao Senhor pelas minhas ações, perdoa-me, mas agora eu quero e aceito viver o novo, viver um novo tempo, viver as promessas, sonhos, propósito para o qual o Senhor me escolheu. Eis-me aqui, renova-me, abre os meus olhos, eu quero ver o que ninguém vê, discernir o que ninguém discerne, quero ser espiritual, direcionada, e sim, eu aceito a Tua vontade, aprender com o que passei e avançar com o que o Senhor tem para me entregar, aleluia! Vou lembrar do meu passado como uma realização, pois eu venci, e agora eu serei a testemunha, não terei mais medo e nem vergonha do meu passado, mas contarei e cantarei as grandezas do Senhor. Amém.

O chamado é o reconhecimento da voz do criador, aceitamos, agora não só somos chamadas mas escolhidas como sua filha amada, a menina dos olhos de Deus. E você? Aceitou ser escolhida? Chamado é para todos, viver da graça é para quem escolheu, e só é escolhida quem disse: "Eu aceito o chamado e quero viver o propósito do céu, não o que eu almejo, não o que eu desejo, não o que enche os meus olhos, mas aquilo que Deus deseja, o que Ele quer". Tudo deve estar alinhado com o céu, queremos muitas vezes viver o que desejamos, quando escolhemos viver a vontade de Deus, estamos negando a nós mesmas, renunciando às nossas vontades: agora já não irei aonde eu quero, irei aonde Deus quer; não estarei onde eu quero, mas onde Deus quer que eu esteja. Tudo agora muda, mas uma coisa é certa, Deus nos levará a lugares que nunca imaginamos, Deus fará coisas por meio de nós que nunca imaginamos. Deus fará por nós o que nunca imaginamos, quer viver esse tempo? Se deseja, corra depressa e obedeça ao chamado!

"Não me escolhestes vós a mim, mas eu vos escolhi a vós, e vos nomeei, para que vades e deis fruto, e o vosso fruto permaneça; a fim de que tudo quanto em meu nome pedirdes ao Pai ele vo-lo conceda" (João 15:16).

Não foi você que se escolheu, foi Deus. Não foi você que errou o caminho, foi Deus que lhe direcionou até aqui e a escolheu. Precipitou-se? Já se arrependeu? Pronto, Deus já lhe encontrou de novo, quem é escolhido, aceitou o chamado, Deus não a deixará. O chamado tem escolha, livre-arbítrio, mas o que decidiu mergulhar nas águas profundas não, se decidir voltar das águas profundas com as suas próprias forças, morre. Uma vez que mergulhou, não dá mais para retornar ao raso.

Quando Deus diz que está chegando o tempo em que Ele fará mudança, às vezes, ficamos assustadas, algumas vezes, está tão confortável, outras vezes parecemos tão distantes, algumas vezes estamos convictas, temos tanta certeza, ou temos tantas incertezas... Você sabia que, tudo o que é negativo, que acontece ou aconteceu sobre nós ou sobre aqueles que estão por perto, fica mais na nossa mente do que as coisas boas? Pois é, temos o hábito de nos alimentar do que não é bom, não é saudável.

Convido você a se alimentar do que lhe traz vida, seu passado, a partir de então, deve ser um combustível para você seguir e para outras vidas seguirem, pois só oferecemos o que temos. A mudança não começa no outro, começa em nós, deixemos as incertezas de lado, passado pode ser lembrado, mas para glorificar a Deus. Vamos lá, diga: "Eu não terei vergonha do meu passado, ele faz parte do propósito!". Você vai viver um novo tempo.

Quando Mardoqueu chamou a Ester, ela aceitou, foi chamada e atendeu, era chegado o tempo, mas nesse momento, vemos na história Ester entrando no palácio, preparando-se para se apresentar. Existe o tempo da preparação, não acelere o processo, simplesmente, passe por esse tempo, é necessário. A Ester não tinha os seus pais, nada disso pode lhe fazer parar em meio a caminhada. Aceite o chamado, passe por esse tempo, o tempo de Ester, já dentro do palácio, foi de doze meses. Veja bem, nós já estamos dentro do palácio, mas existe um tempo até o cumprimento da promessa. Ester não tinha promessa, mas tinha a esperança de ser a escolhida, a mesma fez o que precisava ser feito: posicionou-se, preparou-se até o dia da apresentação; a sua hora vai chegar, você está pronta? Já diga: "Eis me aqui!". O Rei já lhe escolheu para viver este tempo de conquista, realizações, libertação e cura. O propósito de Deus vai se cumprir e você vai mudar o cântico dos seus lábios, o tempo da mudança na vida de Ester chegou, a mesma não ficou se sentindo insegura, a preparação nos leva à certeza do estamos fazendo, quando tem preparação sabemos, com todos os detalhes, o quanto renunciamos para que o propósito chegasse e fosse cumprido. Só quem passa pela dor da desilusão, da desconstrução, vai valorizar e ficar, como os que sonham ao ver-se em lugares que nunca imaginaram. Mas agora tem certeza do que viu, ouviu e, quando Deus quer agir, ninguém pode impedir.

Ester apresenta-se, diz o "eis-me aqui", e o Rei a escolhe. Isso é magnífico! Uma atitude certa muda o rumo de uma história. Talvez nem era para você estar aqui, lendo este livro, segundo a ótica humana ou até mesmo a sua, mas Deus honra uma atitude quando, por trás dela existe a obediência. Você vai viver o tempo da mudança, acredite, renove a sua aliança, faça de novo se precisar! Mas não desista desse lindo chamado, foi Deus que a escolheu para viver em novidade de vida. Onde não existe vida, Deus chega e dá vida, quem não frutificava, Deus fará frutificar, a sua parte você faz como pessoa, como ser humano, mas Deus faz o que lhe cabe como seu Criador que tem todo o poder, pois, como lemos em Filipenses (1:6): "Estou plenamente certo de que aquele que começou boa obra em vós há de completá-la até ao Dia de Cristo Jesus".

REFERÊNCIAS

BÍBLIA Online. Disponível em: https://www.bibliaonline.com.br/ntlh. Acesso em: 19 jun. 2024.

"Quando chegar o tempo, todas as coisas serão estabelecidas e toda vergonha tornar-se-á honra."

Rose Araújo

Rute Donato Dias

Me chamo Rute Donato Dias. Nascida em Carapicuiba/SP filha de Salvador Donato Dias e Anita Neris, dessa união tendo cinco filhos sendo eles Ilson; José, Raquel (*in memoriam*), Geneir. Casada com Washington. Mãe de três filhos Gabriella, Gabriel e Maria. Sou grata por toda a minha família. Estudante do curso de teologia pelo Instituto Nova Visão, tendo como profissão o zelo e o cuidado do meu lar. Congrego na Assembleia de Deus no ministério Ipiranga pastoreada pelo pastor José Leanti e sua esposa, missionária Dalva Alexandre.

A mais de oito anos me dedico ao projeto Nosso Chá no Lar cujo foco principal é alcançar e transformar a vida de mulheres por meio da palavra de Deus.

ruth_diass

Ruth Dias

+55 (11) 96348-4048

rute-donato@hotmail.com

MULHERES COM UM CHAMADO

NÃO É O FIM, EXISTE UMA SAÍDA

29

Por Rute Donato Dias

"Aquele que leva a preciosa semente andando e chorando voltará sem dúvida com alegria trazendo consigo os seu molhos." (Salmos 126)

Eu tive o privilégio de nascer em um lar cristão onde a simplicidade e a honestidade foram base para minha formação, nos ensinando princípios e valores que foram fundamentais para definir quem sou hoje.

Aos meus 14 anos me senti atraída para vivenciar experiências que o mundo poderia oferecer, saindo assim daquilo que me havia sido ensinado ao longo dos anos.

"Há caminho que ao homem parece direito, mas o fim dele são os caminhos da morte" (Provérbios 14:12).

Tudo aquilo que eu procurei no mundo foi ilusório. Me trazendo grandes frustrações e consequências, que poderiam ter sido evitadas se estivesse permanecido nos caminhos de Cristo. Quando nós colocamos os nossos olhos em nossas vontades, nos perdemos. Queira estar no centro da vontade de Deus. Não se desvie do caminho.

Os anos passaram, eu continuava em busca da verdadeira felicidade.

Aos meus 18 anos conheci meu esposo que vinha de outro relacionamento.

Confesso não foi fácil enfrentar os desafios que nos era proposto, mas superamos... Dessa união tivemos dois filhos, Gabriella e Gabriel. Já estávamos a catorze anos juntos. E eu ainda sentia um grande vazio devido à falta de Cristo... nada preenchia aquele vazio.

Foi quando decidimos nos render a Cristo.

E Deus, com sua infinita misericórdia e bondade, nos deu essa oportunidade. Pude ver nossas vidas transformadas.

Faça do seu erro um acerto. O que procuramos no mundo é passageiro.

A verdadeira plenitude é somente em Cristo. Deus mudou nossa história. Gratidão.

"Assim que, se alguém está em Cristo, nova criatura é: as coisas velhas já passaram eis que tudo se fez novo" (2 Coríntios 5:17).

É sempre possível recomeçar, mas também é preciso reconhecer que não conseguiremos avançar com as nossas capacidades pessoais, mas somente com Cristo nos dando força para enfrentar aquilo que outrora nos associava com o mundo.

Não é o fim, ainda existe saída!

Você já se deparou com situações na sua vida que lhe fizeram achar que era o fim? Houve um momento na minha vida em que por diversas vezes eu pensei em desistir da minha própria existência. No auge dos meus 29 anos passei por uma das situações mais difíceis da minha vida, a dor do luto.

Estava tudo confortável, posso lhe dizer que naquela época vivia o melhor de Deus, com esposo e dois filhos que, naquela época, eram apenas duas crianças. Em uma noite específica, meu marido sofreu um acidente que o deixou nove dias internado. Após esse período, foi informado que ele tinha falecido. Deste dia em diante, me vi sozinha, com duas crianças pequenas. Eu sempre me comprometi a cuidar do meu lar, nunca havia trabalhado e me questionava como seria daquele dia em diante, para dar o sustento para a minha casa e seguir com a minha vida.

Nesse período vi o cuidado de Deus em detalhes. Foi ao me colocar em sua total dependência que provei do extraordinário.

"O meu socorro vem do Senhor, que fez o céu e a terra" (Salmos 121:2).

Aos poucos fui me restabelecendo em algumas áreas da minha vida. Antes de todo esse processo, eu não tinha tido um verdadeiro encontro com Cristo, não sabia qual era o meu chamado, por muito tempo questionei-me se eu de fato tinha um. Aos poucos, fui me reestabelecendo e reconstruindo minha vida em todas as áreas, espiritual e até mesmo sentimental.

Com o passar dos anos a falta de ter uma família completa era grande em minhas orações pedia alguém que pudesse completar a área sentimental, para juntos vivermos o propósito de Deus.

O Senhor ouviu meu pedido e me deu muito mais do que eu esperava. Por isso não pare de orar.

Ainda que aos seus olhos pareça impossível.

Um vazio enorme: ter uma família completa teria se tornado um sonho. Em minhas orações, eu pedia a Deus alguém que pudesse me amar verdadeiramente, que fosse respeitador e que me aceitasse com toda a minha história. Deus atendeu ao meu pedido e colocou um homem conforme aquilo que eu tinha pedido. Por meio da vida dele, eu comecei a dar os meus primeiros passos ministeriais, ele me ensinando e me apoiando, mesmo ainda sendo namorados. Em 2011 firmamos nosso propósito e nos casamos. Após dois anos de casada, tive então a minha terceira filha, Maria Eduarda, deixando o nosso lar completo.

Meu chamado

Com o passar dos anos, eu sentia um forte desejo. Ao longo dos anos, exercendo algumas atividades dentro da igreja, sentia-me, de certa forma, estagnada. Era como se eu não estivesse fazendo nada para o Reino e eu me cobrava sempre, chegando algumas vezes até a questionar ao Senhor: "Qual é o meu chamado?".

Até que, um dia, o Senhor gerou em meu coração a necessidade de trabalhar com mulheres, mas eu não sabia como. Em meio as minhas orações, o Espírito Santo foi me direcionando como deveria ser. Foi então que no dia 7 de julho de 2016 aconteceu o primeiro encontro de mulheres na sala da minha casa, de maneira simples e espiritual. Éramos seis amigas, com um único propósito. Eu e mais cinco amigas nos reunimos para adorar ao Senhor. Ainda lembro como se fosse hoje, iniciamos com um louvor, que cantamos até hoje, "Espírito Santo". Naquela tarde, nasceu Nosso Chá.

Ao longo desses anos, entramos em lares de mulheres que estavam dispostas a viver o sobrenatural, que gritam por um socorro, que só precisam de um abraço ou até mesmo alguém que possa escutá-las e entender a sua dor. De maneira simples, cantamos louvores, falamos da Palavra do Senhor e vidas são alcançadas, testemunhos são contados, mulheres retornam aos caminhos de Cristo. E naquela tarde nasceu o projeto Nosso Chá.

Os encontros sempre aconteciam nos lares. Muitos deles eram em lares onde mulheres gritavam por socorro, ou só precisavam de um simples abraço alguém que pudesse ouvi-las e entender suas dores. Por onde passamos contemplamos a glória de Deus através de nossas vidas.

Seguimos dessa maneira até hoje, porém nunca estive só. O senhor me abençoou com amigas, mulheres de oração para juntas alcançarmos vidas e ajudar umas às outras em momentos difíceis.

O projeto Nosso Chá, além de alcançar muitas vidas, podemos dizer que, até aqui, Deus nos tem ensinado e sustentado.

Um trabalho segundo o que Senhor colocou em meu coração, pelo qual pude crescer espiritualmente e entender que Deus trabalha também de forma simples e mesmo quando nos sentimos pequenas e falhas Ele nos sustenta e nos capacita.

Por muitas vezes, somos tentados a desistir da obra que o Senhor colocou em nossas mãos e nos questionamos se aquilo realmente é para nós, mas quando somos chamados por Cristo e mesmo em meio a tantas dúvidas o Espírito Santo nos guia e nos dá forças para prosseguir.

"Enviei-lhes mensageiros a dizer estou fazendo uma grande obra, de modo que não poderei descer; Por que cessaria esta obra, enquanto eu a deixasse e fosse ter convosco" (Neemias 6:3).

Não deixe de fazer a obra que o Senhor confiou em suas mãos ainda que se levante os opositores creia tão somente em quem te chamou!

Ao escrever esse testemunho para que você possa ler, confesso que as lutas, as tentações são muitas, e mesmo que o processo seja doloroso, ele é essencial para nos fortalecer. O caminho não é fácil, nele você encontra acusadores, empecilhos, dificuldades, até mesmo dentro do seu próprio lar, mas a graça e a misericórdia de Cristo são tão grandes que, nesse mesmo caminho, você encontra amigos, força e estratégias vindas do próprio Deus para avançar e não desistir daquilo que lhe foi entregue para fazer.

Confesso que não foi fácil chegar até aqui. Foram muitas lágrimas, mas também muitas bênçãos. Hoje estou vivendo a concretização de um sonho que aos meus olhos eram impossíveis, mas havia uma promessa sobre a minha vida e hoje vivo aquilo que um dia o senhor me prometeu.

Que você possa acreditar e ter fé nas promessas que Deus lhe faz mesmo quando as circunstâncias digam ao contrário. Nem sempre os que estão ao seu redor vão entender o seu propósito, por isso siga em frente na sua caminhada com fé, coragem e determinação.

A sua história foi feita para inspirar outras mulheres. Não deixe que o seu dia mau defina toda sua história, passe por ele sabendo que lá na frente todo aprendizado servirá para encorajar outras mulheres e o seu testemunho será exemplo para muitas.

Assim deixo essas palavras, e que através delas o Espírito Santo possa falar com você. Deus abençoe a vida de cada uma!

REFERÊNCIA

BÍBLIA. João Ferreira de Almeida. Ed. revista e corrigida. São Paulo: Sociedade Bíblica do Brasil, 2014.

“Não desista em meio ao caos, Deus ainda cuida de todos os detalhes.”

Rute Donato Dias

Silvana Santos

Eu sou Silvana Santos, cristã, empreendedora, casada com Walter F. Santos, mãe de dois filhos maravilhosos, Vitor, 22 anos, e Vitória, 15 anos. Sinto arder em meu coração o chamado para intercessão, por isso busco aprender com pessoas que considero referência na área.

Nos últimos 13 anos, além da Teologia em algumas instituições, busquei especialização nas áreas de Intercessão, Libertação e Cura. Nessa busca por conhecimento, pude contar com toda experiência e conteúdo enriquecedor oferecido por algumas instituições como: Instituto Neuza Itioka, Instituto Ezenete Rodrigues, SILC, com a pastora Tânia Tereza e, também, a escola de Intercessão Valnice Milhomens. Será um prazer compartilhar com você do extraordinário que tenho aprendido.

lojamoemo

interc.silvanasantos_oficial

+55(11)97142-7653

MULHERES COM UM CHAMADO

DEUS SE COMUNICA O TEMPO TODO

30

Por Silvana Santos

Engraçado como, numa fração de segundos, nossa realidade é transformada! Tudo parecia calmo e sob controle, mas, de repente um vento muito forte vem e racha os morros, despedaçando as rochas. Nesse momento, nossa reação como cristã é clamar, gritar por socorro com todas as forças, quase que tentando igualar a nossa voz ao ruído dos ventos.

Ao me sentar diante daquele médico, eu jamais imaginei ouvir palavras tão duras. Meus exames haviam identificado um tumor já avançado na região do tórax, entre o pulmão e coração, a orientação foi para que eu procurasse um cirurgião torácico com urgência, já que o tumor poderia pressionar a veia cava superior, que é a segunda maior veia do organismo e tem função de transportar sangue venoso da parte superior do corpo para o coração.

Foi nesse cenário de caos que o Senhor me revelou coisas extraordinárias, e me fez compreender que as respostas para as orações que seriam feitas a partir daquele diagnóstico já haviam sido dadas.

Compreendi, então, as formas como o Senhor fala conosco, por meio de pessoas, situações, objetos e tantas outras, simplesmente porque em todo o tempo Ele está se "comunicando", em 1 Reis (19:11-12):

> O Senhor Deus disse: — Saia e vá ficar diante de mim no alto do monte. Então o Senhor passou por ali e mandou um vento muito forte, que rachou os morros e quebrou as rochas em pedaços. Mas o Senhor não estava no vento. Quando o vento parou de soprar, veio um terremoto; porém o Senhor não estava no terremoto. Depois do terremoto veio um fogo, mas o Senhor não estava no fogo. E depois do fogo veio um sussurro calmo e suave.

Sempre esperamos uma manifestação grandiosa de Deus, como o céu abrindo e um anjo descendo gritando o nosso nome. Mas Deus é tão simples que se Elias não estivesse atento, talvez aquela brisa leve e suave teria passado despercebida em meio ao vento, ao terremoto, ao fogo e a tantos outros barulhos e vozes que nos cercam.

Imagino que você também tenha facilidade em reconhecer o som de uma grande tempestade, com raios e trovões assustadores, mas nem sempre conseguimos contemplar a brisa leve e suave que traz paz, isso porque estamos no automático e deixamos passar despercebidas coisas simples do nosso cotidiano.

Eu gosto de dizer que a chave da intercessão está na capacidade de compreender as múltiplas formas de como Deus se comunica. A Bíblia nos afirma em Amós (3:7): "Certamente o Senhor Deus não fará coisa alguma, sem ter revelado o seu segredo aos seus servos, os profetas".

Quando estudamos sobre a intercessão de Abraão vemos em Gênesis (18:17-18): "E disse o Senhor: Ocultarei eu a Abraão o que faço, Visto que Abraão certamente virá a ser uma grande e poderosa nação, e nele serão benditas todas as nações da terra?".

Em 23 de junho de 2022, no momento em que recebi aquele diagnóstico, lembrei-me automaticamente de que três meses antes, havia iniciado uma campanha de oração em casa, a missionária Socorro, direcionada pelo Espírito, iniciou orando por algo bastante específico, ela orava assim: "Senhor, prepara tudo para a cirurgia da tua serva, prepara os melhores médicos, os melhores enfermeiros, o melhor hospital, a melhor equipe, visita ela no momento da cirurgia, prepara tudo".

Veio à memória, também, uma visita a um casal de anciãos da igreja que fizemos no dia quatro de junho, ao nos despedirmos a querida irmã Hermínia olhou fixamente para meu esposo e o orientou a orar pela minha vida com imposição de mãos, clamando por cura.

Lembrei-me, ainda, que no dia quinze de junho, eu havia recebido os exames solicitados pela endocrinologista, até tentei abrir com cuidado para não violar o envelope, mas vendo que não conseguiria, voltei a me ocupar com a organização para um culto de ação de graças que aconteceria na minha casa, naquela noite.

Tudo aconteceu com perfeição, uma palavra poderosa (Salmos 136: 1-26) ministrada com tanta sabedoria que nossos corações se encheram de gratidão. Ao final, confraternizamos com os irmãos e, na oração final, naquele culto de ação de graças, o pastor Adriano Rabello, direcionado pelo Espírito, orou repreendendo toda enfermidade e de forma muita clara repreendeu o "tumor".

Naquele momento compreendi que Deus estava me ensinando a ouvir Sua voz.

Começava ali uma corrida contra o tempo, conseguir uma consulta com o cirurgião torácico foi um desafio, não tinha na rede pública e pelo convênio o tempo de espera era de 45 dias. Nesse meio tempo, meu esposo conseguiu na internet o contato de um médico particular e agendou uma consulta para a semana seguinte.

Consulta marcada, o dia chegou!

Um percurso de quase duas horas, trânsito intenso, motociclistas apressados, caminhões enormes, marginal em plena segunda-feira, meu cunhado irritado com todo aquele estresse e eu ali tensa, apreensiva e totalmente angustiada. Uma mistura de tristeza e medo, em meio à luta para encontrar um fio de esperança, olhava fixamente para a janela, com tantas vozes na minha mente, e de repente, todo ruído foi abafado por um sussurro. Minha irmã, ali no banco da frente, orava e pedia ao Senhor para colocar anjos em nosso caminho para nos guiar até aquele consultório, e quando olhei, novamente, percebi um carro que saiu da faixa da direita e entrou lentamente como uma brisa suave na nossa frente e nos conduziu até o ponto em que saímos daquela marginal para entrar na rua em que ficava a clínica.

No vidro do carro tinha um adesivo escrito DEUS. Era mais uma vez Ele se comunicando, trazendo ao meu coração a certeza de que Ele estava no controle de tudo. Chegamos no horário previsto, mas a consulta atrasou quase duas horas. Coração disparado, mãos suadas, até que chegou minha vez. Achei que não conseguiria ouvir o que o médico tinha a dizer, mas inesperadamente ele veio em minha direção, apertou minhas mãos, olhou profundamente nos meus olhos e disse com uma voz tão tranquila, quase como uma brisa: "Calma, vai dar tudo certo".

Então, fui descansando no Senhor enquanto ele falava, pois a presença de Deus era real naquele local. O médico deixou bem claro que o problema era sério, que seria uma cirurgia delicada, devido à localização do tumor e que somente após a cirurgia a biópsia poderia ser realizada trazendo o diagnóstico exato.

Tudo perfeito, não fosse o valor a ser desembolsado para esse procedimento. Como na oração feita pela missionária, Deus preparou o melhor, o Dr. Marcus Mônaco é referência nesse tipo de cirurgia, um dos melhores do país, e claro que o convênio não cobriria aquele procedimento.

Chegamos em casa com a notícia, e parecia uma realidade muito distante ser operada por um médico como aquele, mas nosso Deus já tinha preparado tudo, quando comentei o valor da cirurgia, meu filho disse que poderia marcar tudo particular, para que fosse mais ágil, que ele pagaria.

Tudo exatamente como já havia sido revelado.

Dia de marcar os exames e, para meu espanto, tinha vaga para realizar todos no mesmo dia. Chamou-me a atenção que, na minha frente, tinha um rapaz muito nervoso, pois precisaria fazer um exame e só tinha vaga para quinze dias depois.

Naquele momento, eu não fazia ideia de que em duas semanas, estaria recebendo alta hospitalar. Apesar dos feitos grandiosos, eu ainda estava aflita, não foi fácil esperar os quinze dias.

A Bíblia relata que Abraão obedeceu a Deus subindo o monte para sacrificar Isaque, sabemos que Deus já tinha cuidado de tudo, mas como será que foi o processo? Quantas vozes na mente de Abraão, os questionamentos de Sara, a voz dos servos sussurrando sem compreender o que estava acontecendo, a voz do próprio filho perguntando sobre o cordeiro para o sacrifício, e sua consciência questionando sobre como seria o retorno, pois somos assim, cheios de dúvidas e incertezas. E satanás orquestrando tudo isso, pois esse é o seu papel.

Vejamos o que diz a palavra: "Em seguida, uma voz dos céus disse: 'Este é meu Filho amado, em quem muito me agrado'" (Mateus 3:17). Em seguida Jesus foi conduzido ao deserto pelo Espírito e com Jesus satanás também foi ousado querendo levar confusão para a mente de Jesus. Observe a pergunta que ele insiste em fazer (Mateus 4:1): "Se tu és filho de Deus...". Ora, se o próprio Deus acabara de afirmar, um capítulo antes, "Esse é meu filho amado!" (Mateus 3:17).

Mas é isso que Satanás tem feito em todo o tempo, trazendo dúvidas e confusão para a mente das pessoas. Sempre que Deus confirma algo, ele tenta confundir, fazendo com que desistamos do nosso propósito e de tudo que Deus já falou e revelou ao nosso respeito.

Concluo aqui dizendo que, ao receber o diagnóstico, tive a oportunidade de aprender, por meio de grandes experiências, que é necessário ouvir Deus, que é simples e se manifesta nos mínimos detalhes. Ele não apenas permite, mas passa conosco todo o processo. E mesmo convicta da vitória, não estamos isentos dos ataques de satanás, mas ao mesmo tempo que os ataques surgiam, eu também tive meus olhos espirituais abertos e pude contemplar a igreja de Cristo com seu exército de intercessores se movendo em oração ao meu favor.

"Ó Jerusalém, sobre os teus muros pus guardas, que todo o dia e toda a noite jamais se calarão; ó vós, os que fazeis lembrar ao Senhor, não haja descanso em vós" (Isaías 62:6). Por isso eu venho encorajar você, independentemente do problema, ore para que o Senhor abra seus olhos espirituais, para que você também possa contemplar tudo que Ele move em favor daqueles que O amam.

Quando contemplamos esse agir, enchemo-nos de força, esperança, alegria, renovo, fé e passamos a desejar a cada manhã, a luta pela vida e ouvir Deus, rejeitando assim, os pensamentos vindos de satanás.

Assim, cumpri o meu chamado naquele hospital, entrei declarando vida sobre mim e os demais pacientes, segundos antes de ir para o centro cirúrgico, ainda orava pelos que retornavam de suas cirurgias.

Aprendi que devemos cumprir nosso chamado em meio ao processo, porque o milagre não é apenas a cura, mas os detalhes que vivemos até sua chegada.

É sobre ouvir e compreender a grandeza de um Deus criador que para tudo para cuidar de mim e de você.

Ele cuidou tanto da cirurgia quanto da recuperação. Estou curada!

REFERÊNCIA

BÍBLIA Sagrada. Nova Versão Internacional. Revista e atualizada no Brasil. 2 ed. São Paulo: Sociedade Bíblica do Brasil, 2000.

"A chave da intercessão está na habilidade de compreender as diversas formas pelas quais Deus se comunica."

Silvana Santos

Vanusa Torres

Eu sou Vanusa Torres, natural de Macapá/AP, onde resido com a minha preciosa família: meu esposo Ilson Torres, com quem sou casada há sete anos, e meus filhos: Débora Colares, Arnaldo Neto e Arthur Torres.

Sou professora, psicóloga, mentora, pós-graduada em Docência do Ensino Superior e Gestão de Pessoas, master analista comportamental DISC. Tenho doze anos de atendimentos individuais e em grupo, guiando muitas mulheres, por meio de aconselhamentos e mentorias.

Superei grandes desafios, principalmente no meu casamento, e provei que é possível mudar a própria vida por meio da Palavra de Deus, autoconhecimento e de um desejo ardente de ajudar pessoas.

mulheresplenamentevirtuosas

+55 (96) 99113-0633

MULHERES COM UM CHAMADO

CHAMADA APESAR DE MIM

31

Por Vanusa Torres

"Quem você pensa que é para...". Creio que essa foi uma das frases que mais ouvi na vida e confesso a vocês que também me fiz essa pergunta por longos anos. Quem sou eu para ser amada? Quem sou eu para ser respeitada? Quem sou eu para as pessoas lembrarem de mim? Quem sou eu para ajudar outras mulheres? E só quando tive um encontro com o Aba, e fui curada na minha identidade, que consegui responder essa pergunta: eu sou filha amada do Pai, dAquele que me resgatou e me chamou, apesar de mim...

Minha jornada começou como filha única adotiva de um casal simples no norte do país, meus pais adotivos eram pessoas de coração generoso, enraizadas em princípios cristãos e valores familiares sólidos. Desde cedo, aprendi que a família é o alicerce da vida. Aparentemente, minha infância era feliz, mas à medida que crescia, percebia uma sombra de abandono e rejeição pairando sobre mim.

O modelo de amor que testemunhei entre meus pais despertou em mim um desejo profundo por um relacionamento semelhante. No entanto, minhas escolhas românticas seguiram um caminho tumultuado. Buscava o amor nos lugares errados, entregando-me de corpo e alma a relacionamentos passageiros. Acabei me casando aos dezessete anos, grávida e imatura, apenas para me separar depois de quase um ano de relacionamento, sem compreender minhas próprias necessidades e desejos.

Os anos seguintes foram marcados por uma busca frenética por amor e validação. Meu coração endureceu-se à medida que mergulhava em relacionamentos superficiais e prejudiciais. Tornei-me uma pessoa dominadora e autoritária, buscando preencher um vazio interno com poder e controle sobre os outros. No fundo, ansiava por ser amada e valorizada genuinamente.

Essa busca incessante levou-me a situações sombrias. Encontrei-me vendendo meu corpo em um país estrangeiro, presa em um ciclo de autodestruição e desespero. Essa experiência traumática reavivou feridas antigas de abuso e rejeição na infância, lançando-me em uma espiral de dor e desesperança.

Problemas de saúde trouxeram-me de volta para casa, mas os problemas persistiram. Afundei-me em relacionamentos vazios e festas, tentando preencher um vazio emocional. Encontrei-me em relacionamentos abusivos e violentos, perdendo minha autoestima e fé na vida. Cheguei ao ponto de tentar suicídio, incapaz de vislumbrar uma saída para a minha dor. Hoje, ao relembrar essas situações, vejo a misericórdia de Deus, pois me guardou e livrou da morte muitas vezes.

Um dia, depois de uma ressaca e toda destruída por dentro, cansada daquela vida, carente, decidi casar e, com o primeiro que falou em casamento, sobre construir uma família, eu me casei. Casei com um cara que eu já conhecia e sabia da fama dele de mulherengo, só não sabia a pior parte, era um homem violento e encostado, entretanto, por um momento achei que eu era "especial" e capaz de mudá-lo, não conseguia mudar nem a mim mesma, quanta inocência, mais uma vez cheguei ao fundo do poço. Lá estava eu, aquela mulher independente, dominadora e autossuficiente estava sustentando o marido, sendo agredida, traída, separada da família e dos amigos, sofrendo agressões verbais, físicas, patrimoniais e psicológicas.

Assim como aquela mulher samaritana que tentava calar a dor do abandono e da rejeição com relacionamentos amorosos, eu não sabia como sair, sentia vergonha, medo, achava que era só uma fase, que ia passar, que ele iria reconhecer tudo o que eu estava fazendo por ele. Mas eu tinha me perdido de mim mesma, já não sabia nem quem eu era, tinha perdido minha identidade. Eu tinha medo, medo do que ele faria comigo se eu tentasse me separar dele, medo do que ele poderia fazer com meu filho ou minha mãe, medo de recomeçar a vida sem ele, enfim, eu me achava incapaz. Isso acontece com muitas mulheres que estão em um relacionamento abusivo, que não sabem mais quem são. E foi todo esse sofrimento que me levou até Jesus. Um casal conhecido nos levou para igreja e no primeiro dia que coloquei meus pés no local eu decidi, em meu coração, que daquele colo eu não queria mais sair, que era tudo o que eu precisava para viver e me entreguei completamente ao Senhor.

Por dentro eu estava me agarrando ao Senhor para juntar os cacos, porém, por fora, o sofrimento só aumentava, cenas e mais cenas de agressão, desrespeito, humilhação, traição, perseguição, que não me deixavam ficar firme em igreja nenhuma. Em meio a tudo isso e depois de idas e vindas, no quarto ano de relacionamento, eu engravidei, confesso que minha mente se tornou um turbilhão porque eram tantas emoções. Foi nesse período devastador que Deus enviou uma mulher cheia de sabedoria, que despertou em mim uma sede de Deus que eu ainda não tinha experimentado, e me ajudou a ser curada de tantas feridas, e então encontrei consolo na Palavra de Deus. Aos poucos, aprendi a buscar minha identidade em Deus, reconstruindo minha autoimagem e esperança para o futuro.

Minha jornada de cura foi árdua e desafiadora. Enfrentei um relacionamento abusivo, lutando para me libertar e encontrar minha voz. Foi somente por meio de uma conexão profunda com o Espírito Santo que encontrei a força para seguir em frente. Estudando a Palavra e buscando apoio em outras mulheres, gradualmente, recuperei minha autoconfiança e propósito.

Eu tinha sido tocada por Jesus e jamais voltaria a ser a mesma, sabia onde buscar socorro, foi o que fiz. Lancei-me aos pés do Senhor e decidi me separar, deixei tudo para trás e decidi ir embora. Foram momentos difíceis que me assolavam, a solidão, o medo de recomeçar, o julgamento dos outros. Então veio a prova mais difícil, um mês depois que me separei, minha mãe, que já estava doente, faleceu, meu pai já era falecido, eu me vi de uma hora para outra sozinha. Senti-me sem chão, perdida, com dois filhos para criar e sem família, sem marido. Passou pela minha cabeça a possibilidade de voltar com ele, só para ter a sensação de que não estava sozinha. Ele me ameaçava, perseguia-me, vivi dias de tormento e solidão.

Mas o encontro que eu tive com Deus trouxe-me força, fé e a certeza de que Ele era comigo e que o controle era todo dEle, então eu me lancei e descansei, e busquei desenvolver meu relacionamento com meu Aba Pai e jamais permitir que alguém me escravizasse novamente.

Entendi que o caminho era este: relacionamento com Deus; estudar a Palavra e obedecer. Como sou uma apaixonada por conhecimento, comecei a estudar mais e mais a Palavra, jejuar e orar. Durante esse processo de cura e restauração, o Senhor começou a enviar muitas mulheres com problemas no relacionamento, comecei a dialogar e depois atender muitas mulheres, primeiro as amigas, depois pessoas que me procuravam para serem aconselhadas. E a pergunta sempre ressurgia: "Quem você pensa que é?". Não consegui consertar meu casamento, como iria ajudar outras mulheres? Só entendi depois, que é no processo de cura e restauração que o Senhor usa a nossa dor para ajudar outras pessoas.

Depois de anos vivendo como mãe solteira e enfrentando batalhas pessoais, reencontrei um conhecido do passado em minha cidade natal. Começamos a reconstruir nossa relação com base na fé e no respeito mútuo. Nosso relacionamento foi testado pelas feridas do passado, mas juntos aprendemos a perdoar e crescer. Foi tudo lindo, a princípio tínhamos uma linda história de amor e superação, ele vinha de outros relacionamentos com três filhos e eu com dois filhos. Mas estávamos enganados, ele estava cheio de feridas do relacionamento anterior, frustrado por ter tido uma mulher autoritária e rixosa, e eu sem perceber em menos de um ano de casada voltei a ser a mulher independente, mandona e me achando superior em tudo, não levou muito tempo para que todo aquele desequilíbrio tornasse aquele casamento uma briga de egos e competições. Veio a traição, e meu mundo desabou. Fiquei tão cega de ódio que não conseguia entender como ele era capaz de fazer aquilo com a "mulher de Deus" que eu era, "perfeita", fiel, e entre tantas qualidades que eu achava ter.

Eu dei um ultimato, "ou eu ou ela", ele tentou me enrolar por alguns meses, mas não deixou daquele relacionamento. Passei noites e noites em claro, no início só chorando, depois me enganando que estava orando e lutando pelo casamento, porém, minhas atitudes não mudavam. Acabei engravidando no meio dessa turbulência, sem planejamento, pois já estava com tanto ódio que comecei a desejar vingança, e que tudo desse errado, que ele fosse logo castigado por Deus, que ele sentisse tudo dobrado daquilo que eu, "filhinha mimada" do Papai, estava sofrendo. Foi muita dor e desespero de raiva de mim mesma, por ter caído naquela história. Porém, os planos de Deus e o seu chamado levam tempo, da promessa até o seu cumprimento existe a jornada chamada processo, em que o Senhor nos quebra e nos reconstrói do jeito dEle, para nos tornar mais parecidas com Ele. Confesso que, por muitas vezes, permiti que o orgulho me tirasse desse lugar das mãos do oleiro, pois renunciar a mim mesma, admitir estar errada e que quem precisava mudar era eu, isso me dilacerava.

Mas um dia eu não suportei e me rendi, gritei por socorro e disse que não resistiria mais, que eu precisava de ajuda e que queria que todo orgulho, ego, minha vontade fossem quebrados e queria ser reconstruída! Que dor! Era como se eu sentisse fisicamente o arrancar de cada caco, levou tempo, choro, investimento e renúncia, mas aceitei o processo. Depois de alguns meses que nos divorciamos, meu esposo procurou-me, voltamos a conversar, a namorar e decidimos retomar nosso casamento, não foi fácil, pois precisamos fazer muitas renúncias, sermos curados e perdoados, perdoar um ao outro e reaprender a caminhar em amor, como um casal segundo o coração de Deus, para cumprir o propósito que Ele nos encarregou. Hoje, sou casada com um homem que me ama e me valoriza. Nossa jornada conjunta é um testemunho da graça e do poder da redenção. Pela experiência que tive, descobri que a verdadeira transformação começa dentro de nós mesmos, quando nos conectamos com Jesus e buscamos o nosso verdadeiro eu.

“É no processo de cura e restauração que o Senhor usa a nossa dor para salvar outras pessoas.”

Vanusa Torres